一代禮宗——

凌廷堪之禮學研究

商瑈 著

李 序

　　經學的範疇廣泛，每一個朝代，都有其不同的學術研究背景，因此對經學的研究也有不同的重點和精神。

　　有清一代，講求崇本務實，實事求是，號稱徵實之學或樸學，乾嘉時期，風氣尤盛，淩廷堪便是此一時期之禮學大家，其於禮學之貢獻，重在會通《儀禮》十七篇，將膠葛重複之禮制，綜合條貫，區分為八例，而成《禮經釋例》，化難讀為平易，並通貫古今各家禮論，創立新說。梁啟超讚《禮經釋例》為禮學中之「登峰造極」之作。對於義理方面，淩廷堪提出「以禮代理」，強調以實用之禮，代替玄虛之「理」。並潛心樂教，為一倡導「以禮治外，以樂和內」之學者。

　　商瑈是一位用功的學生，我在口考論文時，給予的些許建「理」議，她都能虛心地接受。本書《一代禮宗──淩廷堪之禮學研究》，能直接就淩廷堪所遺之著作《禮經釋例》、《校禮堂詩集》、《校禮堂文集》、《燕樂考原》等原始文獻作素材，歸納相關思想議題，尋繹其具體內涵，凡論及《儀禮》方位儀式者，輔以「儀禮圖」說明，讓人一目了然，足見其用心之深，應可提供研究淩廷堪之學術與關心古禮者參考之用。

　　本書能順利完成出版，除商琠對禮學的愛好和用心投入之外，指導教授張麗珠博士的熱心指點，功不可沒。特在書出版之際，樂贅數言以為序。

自 序

　　禮者何？顧炎武曰：「本於人心之節文，以為自治治人之具」。淩廷堪云：「禮者，昏冠射飲，有事可循也；揖讓升降，有儀可按也，豆籩鼎俎，有物可稽也」。顧炎武又言：「周公之所以為治，孔子之所以為教，舍禮其何以焉」。在決定撰寫碩士論文時，我毫不猶豫地選擇了清代「淩廷堪」為研究對象，肇因於我對清代義理學深感興趣。興高采烈前往圖書館搜尋與其相關的期刊研究與論文，竟發現碩、博士論文中提及淩廷堪的思想研究者寥寥無幾，更甭說專論。業師張麗珠教授則反倒認為「沒有人寫，才有發揮的空間，更有研究的價值」，就因著這句話，我栽進了這個學術領域，也因有麗珠教授的一路提攜與指導，方得以完成論文，再幾經修改後《一代禮宗──淩廷堪之禮學研究》，終得以付梓。

　　清代禮學復興，禮學家盡出，禮論亦日趨嚴密，淩廷堪是乾嘉學者中，對於禮學有所創發，有所堅持的學者之一。他所著的《禮經釋例》十三卷，不僅實際運用考據學求義理，且加以歸納整理出八類例的禮學專著，披靡一時，為禮學中之「登峰造極」之作。〈復禮〉三篇，從禮的本質談起，提出「以禮

代理」，強調以實用之禮，代替玄虛之「理」。並潛心樂教，為一以禮治外，以樂合內之學者。

本書內容大要如下：

第一章先從凌廷堪的生平談起，歸納凌廷堪的學術成就。續而論及清代強調「實學」的學術氛圍，清儒以經學為實學，批評宋儒空憑胸臆的「空疏」，指出學術應從經驗主義出發、取證確鑿的「實證」，借重考據，回到經書中找證據，是實在、有憑有據的學術活動，不信任一切沒有具體證據的臆說，講求有一分證據，說一分話的求實態度，建立務實的學風。至於清代前中期禮學成就則從「以禮經世的禮秩落實」、「《三禮》考據風盛」、「『男女別嫌』牢籠之鬆動」三方面作論述。

第二章凌廷堪《禮經釋例》之禮學成就，首先分析凌廷堪《禮經釋例》以「例」釋禮的解經門徑與《禮經釋例》內容，歸結出凌廷堪強調「尊」與「卑」的禮秩思想，與其對喪服的考制，及《禮經釋例》的學術特色與影響。

第三章就凌廷堪的遺作《校禮堂文集》與《校禮堂詩集》探究其義理思想。凌廷堪主張從考禮、習禮到禮治，藉由養情以節欲，以「克己」防僭越，以「復禮」制外安內，並強調仿效周公以「禮樂」來化性。

第四章申論凌廷堪「以禮代理」之主張，強調以「禮」來匡濟理學末流之弊，並藉「習禮」以「復性」，贊成「食色性也」之說，並以《論語》篇章論證孔子「言禮不言理」。對於自古以來文人爭議最久的「人性」議題，凌廷堪則提出以「好惡」論性。

第五章探討凌廷堪禮學主張之迴響，包括後儒對凌廷堪所提出的相關論題作深化；方東樹、錢穆對凌廷堪專治禮學之質

疑。

　　本書得以順利出版，特別感謝李威熊教授、陳金木教授於內容撰寫上提供寶貴意見；業師張麗珠教授的全力指導。

　　有人說學術之路是艱辛的，而我卻因有了高明的前輩提攜，一路走來並不孤單，為了文化傳承，我該更努力！吟詩一首於後……

繁星落落的夜

自許是辛勤的園丁　守護著文化的園圃

一字字　鏗鏘見證龍的傳奇

一段段　綿密紮實的傳承

付梓後的期待

於焉展開

作者  謹誌於汐止

目　錄

附圖目次

凌廷堪像

次仲先生校禮圖

淩廷堪像。摘自張其錦，《次仲先生年譜》，收入《北京圖書館年譜叢刊》
（北京：北京圖書館年譜叢刊，1985），頁329。

緒　論

　　淩廷堪為清乾嘉時期禮學大家，其於禮學之貢獻，會通
《儀禮》十七篇，將膠葛重複之禮例，其間同異之文，刪蕪就
簡，證以群經，合者取之，離者置之，信者申之，疑者闕之，
一以貫之，區為八類而成《禮經釋例》。江藩贊曰：「次仲…
…學貫天人，博綜丘索。繼本朝大儒顧、胡之後，集惠、戴之
成，精於三禮，專治十七篇，……豈非一代之禮宗乎！」[1]
「一代禮宗」之名由是成矣。錢大昕於《禮經釋例》書成亦
云：「《禮經》十七篇，以樸學，人不能讀，故鄭君之學獨
尊，然自敖繼公以來，異說漸茲。尊制一出，學者得指南車
矣」。[2]《續修四庫全書總目提要》對淩廷堪之《禮經釋例》
更贊曰：「淩氏獨能薈萃儀節一切，條分縷析，理其端緒，考
其同異，審其差別，觀其會通，皆以例釋之，使若網在綱，如
衣挈領，分類附麗。可謂治經專家，清傳於《儀禮》撰述綦
多，實無堪與匹敵者。……是書於禮經，極有研究，而嘉惠讀
者尤無限。」[3]淩廷堪化難讀為平易，通貫古今各家禮說，創
立新說，為後學建立起一迥異的解經體系。

　　《禮記·曲禮上》說：「道德仁義，非禮不成；教訓正
俗，非禮不備；分爭辨訟，非禮不決；君臣上下，父子兄弟，

非禮不定；宦學事師，非禮不親；班朝治軍，涖官行法，非禮威嚴不行；禱祠祭祀，供給鬼神，非禮不誠不莊。」[4] 其中「道德仁義」可說是哲學倫理思想，「教訓正俗」是指習俗，「分爭辨訟」為法律問題，「君臣上下父子兄弟」是政治人倫關係，「宦學事師」則與教育有關，「班朝治軍，涖官行法」是屬軍事，「禱祠祭祀，供給鬼神」歸宗教，凡此種種皆由禮來主宰，沒有禮即失去了一切衡量的標準。[5] 戰國起百家爭鳴，儒家經典便備受時代考驗，各朝代之思想家對於儒學的詮釋更為迥異，對於六經之一的「禮學」往往著重於經義概念的鑽研，反忽略其能移風易俗的實務面與義理思想之深層意義。

清代禮學復興，禮學家輩出，禮論亦日趨嚴密，尤其對於實際生活中的各種儀節，古代衣服宮室、冠昏喪祭等實用問題，皆能考求古意，還原其初有之風貌。而對於宋明學者之曲解禮典，更嚴厲地加以批評與指正，淩廷堪是乾嘉學者中，對於禮學思想有所創發，有所堅持的學者之一，他所著的《禮經釋例》十三卷，不僅實際運用考據學求義理，且加以歸納整理出八類例的禮學專著，披靡一時。《復禮》三篇，阮元稱為「唐宋以來儒者所未有也」。梁啟超更稱《禮經釋例》為禮學中之「登峰造極」之作，足見其於清代禮學發展上所受的重視。對於義理方面，他從禮的本質談起，提出「以禮代理」，強調以實用之禮，代替玄虛之「理」。並潛心樂教，為一以禮治外，以樂合內之學者。[6] 近幾年學界對於清代思想頗有重視，中央研究院成立了「清代經學研究室」，使得一向被冷落，甚至被誤解為「清代無思想」的觀念始漸扭正，尤以乾嘉時期的許多古籍得以重新受青睞，公元二〇〇二年《禮經釋例》由中央研究院點校刊行，淩廷堪成為近年研究乾嘉學術必考之對

象。

　　本書以「一代禮宗——凌廷堪之禮學研究」為題，在凌廷
堪生平著作及學術成就的基礎上，探討其禮學思想的蔚起與內
容，進一步深入其論理之門徑，尤其注意其義理思想之表彰，
遵信清儒實事求是、注重佐證的治學原則，希望藉由當時人的
言論引證當時的學術，援用凌廷堪回歸原典以論述其學術精義
的主張，以凌廷堪的原典語彙，闡述其思想大要，呈現凌廷堪
一完整的禮學體系。

　　學術界研究禮學思想的論著不勝枚舉，但專門以凌廷堪為
研究對象的著作，相形於其他禮學大家並不多，以凌廷堪之禮
學為命題作為探討的更少。以下茲就筆者所蒐集之資料，分三
類如下：

　　(1)凌廷堪之生平傳略：陳萬鼐撰有〈凌廷堪傳〉、〈凌廷
堪年譜〉、[7]這兩篇著作是按凌廷堪之門生張其錦的《次仲先
生年譜》加以整理，最具參考價值的是將凌廷堪的著作文章按
年一一加以詳註，提供後人快速對照的便利。次者有石國柱等
修《歙縣志‧凌廷堪》、[8]支偉成《清代樸學大師列傳‧凌廷
堪》、[9]嚴文郁《清儒傳略‧凌廷堪》、[10]胡家祚〈戴震私淑弟
子及其他〉、[11]樊克政〈關於凌廷堪的生年〉等，[12]皆可見凌
廷堪之生平記錄。

　　(2)凌廷堪之學術思想：對於凌廷堪的思想研究專論，首先
於江藩《漢朝漢學師承記‧凌廷堪傳》，[13]扼要記述了凌廷堪
的思想大要。而陳萬鼐〈清儒凌廷堪著述考〉，[14]分為上、下
兩篇，共二萬二千字，對於凌廷堪的著述有詳細考證與敘述。
黃愛平〈凌廷堪學術述論〉，大致敘述凌廷堪的思想精義。[15]
再者，蘇偉明所撰〈洪榜、凌廷堪、阮元的理欲觀〉對於凌廷

堪否定宋儒存理滅欲的思想多有闡發。[16] 孫海波撰有〈淩次仲學記〉，對於淩廷堪的學術思想作一概述，可一窺其思想大要。[17] 蔡尚思《中國禮教思想史》對淩廷堪的禮教思想，提出「禮為五性之節」的看法，並引《論語》篇章，印證淩廷堪對「孔子言禮不言理」之議題的贊同。[18] 李貴生〈汪中、淩廷堪文學思想析論——揚州學派文學思想的兩個方向〉一文，探討了淩廷堪的詩作，認為他是以《騷》、《選》為正宗雅擅文學家。[19]

　　(3)淩廷堪的禮學思想研究：王茂等編撰之《清代哲學‧淩廷堪的以禮代理說》，這篇著作對於淩廷堪的禮學主張「以禮代理」有精要的論述。[20] 對淩廷堪「禮學思想」提出最精闢研究的當推張壽安，她撰有〈淩廷堪的禮學思想——「以禮代理」說與清乾嘉學術思想之走向〉、〈淩廷堪與清中葉的崇禮學風〉、《以禮代理——淩廷堪與清中葉儒學思想之轉變》，[21] 考察淩廷堪對清中葉崇禮思想蔚起，論證乾嘉考據學的學術方向，並探討淩廷堪提出「以禮代理」觀點，以五倫關係的實踐重整社會秩序，並經由實際地演練禮樂，而達正人心、厚風俗之目的，表現出清儒一貫重實用之思想特色。

　　此外，業師張麗珠《清代義理學新貌》亦謂淩廷堪一生學問集中在闡釋《儀禮》義例的《禮經釋例》上，其提出「學禮復性」、「制禮節性」、「以禮代理」等禮學思想，以禮為政治、社會、風俗習慣等一切經驗世界內的秩序之最高價值與典範，故謂禮為「萬世不易之經」，以「明道救世」之義理動機與理想，推翻外人對清代學術無思想之說法，指出另一條道德實踐的新義理之路。

　　學位論文方面，程克雅《乾嘉學者「以例釋禮」解經方

比較研究——江永、淩廷堪與胡培翬為主軸之析論》，[22] 文中
探討淩廷堪禮學內容及法則，指出淩廷堪「復禮」回歸原典的
精義之實，駁正前賢責難乾嘉禮學取消義理的誤解。

　　綜上回顧，筆者以後學淺薄之審察與識斷，秉持虛心學
習，對於前輩們的成果與貢獻、匠心與睿見予以尊重及肯定。
本書以「禮」觀點切入淩廷堪之思想核心，以「禮」作為命
題，討論禮學與禮治，著重取證於原典文獻，以闡明淩廷堪考
證求真精神，可提供瞭解淩廷堪有關「禮」的意涵與其落實禮
制的理想，增進認同傳統文化之價值，肯定禮學實用與學術的
雙重價值。

注　釋

1　江藩，〈校禮堂文集序〉，收入《校禮堂文集》（北京：中華書局，
　　1998），頁 158。
2　見錢大昕，〈錢辛楣先生書〉收入前書，頁 159。
3　見《續修四庫全書總目提要》（北京：中華書局，1993），〈經部・禮
　　類〉，頁 505。
4　見王夢鷗，《禮記今註今譯・曲禮上》（臺北：臺灣商務印書館，
　　1998），頁 5。
5　參見鄒昌林，《中國禮文化》（北京：社會科學出版社，2000），頁 12～
　　13。
6　參見業師張麗珠，《清代義理學新貌》（臺北：里仁，2002），頁 238。
7　陳萬鼐，〈淩廷堪傳〉收錄於《故宮文獻》，頁 39～56；陳萬鼐，〈淩
　　廷堪年譜〉收錄於《中國文化學術集刊》第十二期，1973，頁 481～
　　550。
8　石國柱等編，《歙縣志》（臺北：藝文印書館，1970），頁 1113-1122。
9　支偉成，《清代樸學大師列傳》（臺北：藝文印書館，1970），頁 160～
　　162。
10　嚴文郁，《清儒傳略・淩廷堪》（臺北：臺灣商務印書館，1973），頁
　　171～172。
11　胡家祚，《徽州師專學報》（徽州：徽州師專，1991）第二期，頁 18～
　　21。

12 　樊克政，〈關於淩廷堪的生年〉（北京：中華書局，1994），頁 248。

13 　《漢學師承記‧淩廷堪傳》（臺北：學海出版社，1985），頁 428 ～ 435。

14 　陳萬鼐，〈清儒淩廷堪著述考〉，收錄於《故宮圖書季刊》（臺北：故宮，1972）第一期與第二期，上篇見於頁 23 ～ 36，下篇見於頁 1 ～ 12。

15 　黃愛平，《清史研究通訊‧淩廷堪學術述論》（北京：中國人民大學清史研究，1990）第三期，頁 33 ～ 38。

16 　許蘇民，《明清啟蒙學術流變‧洪榜、淩廷堪、阮元的理欲觀》（瀋楊，遼寧教育出版社，1993），頁 713 ～ 727。

17 　〈淩次仲學記〉，收錄於《中國近三百年學術思想論集》（香港：崇文書店，1971），頁 247 ～ 264。

18 　蔡尚思，《中國禮教思想史》（香港：中華書局，1991），頁 162 ～ 165。

19 　李貴生，〈汪中、淩廷堪文學思想析論──揚州學派文學思想的兩個方向〉一文見於《中國文哲研究集刊》（臺北：中央研究院，2000），第十六期，頁 213-262。

20 　王茂等，《清代哲學‧淩廷堪的以禮代理說》（合肥：安徽人民出版社，1992），頁 753-765。

21 　張壽安，《以禮代理──淩廷堪與清中葉儒學思想之轉變》（臺北：中研院近史所，1994）。

22 　程克雅，《乾嘉學者「以例釋禮」解經方法比較研究──江永、淩廷堪與胡培翬為主軸之析論》（臺北：國立臺灣師範大學國文研究所，1998）。

淩廷堪之學思歷程及時代思潮

第一節　淩廷堪傳略

一、辯「淩」非「凌」

　　淩廷堪之姓氏今見二說，錢穆先生於書為「凌」，而近世之學者作「淩」，[1] 今就淩氏之著作《詩集》、《文集》中試作一釐清。《文集》中自云：「繫叔封之支子兮，分庶職於成周。官淩人以掌冰兮，實受氏之所由。……」，[2] 於此可見「淩」乃為古代之官。廷堪認為自己的先祖為淩官。《文集》又云：

　　　　竊謂吾族受氏之由，當據《通志》以官為氏，而字則當
　　　　據《廣韻》從水作淩，猶之邵氏出自召公奭，後加邑作
　　　　邵；袁氏出自轅濤塗，後省車作袁也。……從水之淩字
　　　　也，淩氏皆祖偏將軍，則從水作淩為宜，今《吳志》刻
　　　　本作凌，字從仌，是後人因以官為氏而妄改。《廣韻》

古書二字偏旁，判然不紊。[3]

他自清

> 歙之淩始於元一公，諱安，唐顯慶二年，官歙州長史，
> 卜宅城北之雙溪，是為自餘杭遷歙之第一世祖，後凡居
> 休寧、宣、饒、松江及江北之定遠、懷遠者，皆歙之所
> 分也。

可見淩氏之歧說，實有文可考，其門生張其錦所撰的《年
譜》，對於淩氏之世系《詩集・里中雜詩十首》並序中更明
陳：

> 憶從顯慶判山城，梓里棠陰最愴情。父老尚能歌舊德，
> 可憐谿水至今清。始祖別駕公，諱安，唐顯慶初，自餘杭來判
> 歙，有政績載在郡志，卒遂家焉。[4]

淩廷堪不只一次敘其家源姓氏，清楚辨明自己之祖姓為「淩」
也。筆者蒐集淩廷堪之墨蹟，尋得其本人之落款題名，確書為
「淩」，故此提出辨正（見附錄：淩廷堪墨蹟）。

二、淩廷堪生平

淩廷堪，字次仲，一字仲子，生於乾隆二十二年乙亥
（1757），卒於嘉慶十四年己巳（1809），[5]安徽歙縣人。淩廷堪
所處之清代社會，深深籠罩在傳統觀念的束縛中，一般人常以

勤學苦讀、進取功名、從政當官為換得社會名望地位的途徑。未顯達前，做些農務、商賈、教館、遊幕等事，暫且餬口，致仕之後，即在鄉薄治田產，以紳士的身分，主持地方事業，冀得安養尊榮，終老餘年。

　　經營工商常是致富的捷徑，有了豐厚的財源，自身或弟子便得以享有較佳的教育環境，有助於功名祿位的取得。淩廷堪正是典型上述社會中的代表人物，他出生於商賈之家，未顯達前經商、遊幕，並且勤於治學，努力求取功名，晚年則歸鄉講學、著述以終。當時徽州的商人，自明末以來，數百年間，勢力始終不衰。徽州位於皖南，山多地脊，當地百姓大多服賈四方，經營各項商業生意，尤以徽漆、徽墨更是舉國聞名。[6]他們有濃厚的鄉土意識，因此有「徽幫」之稱，由於他們無遠弗屆，又有「無徽不成鎮」的俗語。而揚州適當長江與運河綰合之處，為南北轉輸的咽喉，當時繁華富庶，幾為全國之冠，因此有許多的士子，會選擇到揚州來等待機會，投師名門聞人，以求利祿功名。

1. 幼孤貧，藉遊幕以成學

　　淩廷堪之父燦然為國學生，自高祖以下皆隱德不仕，依外祖許世貞，就當時的社會風氣而言，除非是情非得已，否則無人願依人籬下，而淩燦然之元配戴氏由於無子，後又娶王氏，生二子，長廷堯，次廷堪。不幸者淩廷堪六歲而孤，家貧無以立錐，不能自給，賴兄致堂營生養母，次年廷堪始就塾師讀書，然而困窮之境並無改變，十三歲又因家貧故即「棄書學賈」。[7]不僅如此，更因窮困致父喪家中無以為葬，直至其二十四歲（父亡後之十八年）方得奉父之靈柩歸葬故里「歙」之

祖塋，[8]對於如此窘境，凌廷堪曾耿耿見於《詩集》：「伯仲歸來千里餘，眼中風物轉蕭疎，故園耆舊成荒壠，喬木先人有敝廬。白髮尚堪娛老母，青箱何處問遺書。擬將築室荒田側，十畝春煙日荷鋤。」[9]箇中情境，可得而知。

中國自古即首重婚喪禮，所謂婚禮不奢，人以為薄於親戚；葬事不奢，人以為薄於父母。而凌廷堪卻客居他鄉僅能停柩不葬，當時所受之非議與鄙視可見一斑，為表明君子固窮，他曾歌〈麥飯頌〉以明志：「瀕海之民皆食大麥，唯富商大賈始食稻焉。余家貧，恆以麥飯供膳，客有見而鄙之者。……何鄙之有！余既資以養生，而又取其益氣調中焉。」[10]相對於當時侈靡之風，他以為何鄙之有，足見安貧樂道之志。

凡有志者必能克服環境之困阨，凌廷堪亦如是，他曾自嘲早不慧，是苦讀乃成：「憶昔學語日，出就童子師。迫使讀大學，百讀百不知。」又「廷堪甫毀齒出就外傅，受四子書，粗識句讀而已，少長習商賈，久之鈍如故」，[11]文人有時謙虛難免，然而廷堪有詩如是，加以其多試不第，或許真是通慧至遲。

凌廷堪十三歲雖因家貧即「棄書學賈」，然於學賈中，仍能偶讀古人詩詞，進而通詩及長短句，[12]錢塘張堯峰先生賓鶴，[13]至海州板浦寓楊鉶星含滄書屋，見其詩詞大奇之，更示以詩法，[14]足見其詩之造詣，亦因此於十八歲之年便始編《詩集》。人總有思歸之情，凌廷堪亦然，當其興歸故里之時，卻不得成行，僅得作詩以自慰，期間「思」字連用，令人讀之亦慨然。[15]母懼其長而無成，便鼓勵他別家出遊，曾對之云：

> 汝為賈而恥與人爭利，恐難成，宜從事於學，然非薪為
> 博士弟子之謂也，必通經立行為古之儒焉且獨學無友，
> 則孤陋而寡聞，吾有汝兄待養，足矣。[16]

於是淩廷堪便挾書出遊，慨然有嚮學之志，且作〈辨志賦〉與
〈詰叢桂辭〉以自廣。〈辨志賦〉云：「廷堪春秋二十有三，
托跡滇海，抱影窮巷，為賈則苦貧，為工則乏巧，心煩意亂，
靡所適從，用是慨然有嚮學之志焉。〈學記〉曰：『一年視離
經辨志。』計余之時，則過矣。懼勤苦而難成也，乃為〈辨志
賦〉以自廣。」[17]期間所謂為賈苦貧，為工乏巧，便可以見淩
廷堪當時的窘境與無奈，前面提過的遊幕學人大多為此種情況
下而選擇入幕為人服務，一以謀得衣食之供，二得以一展長
才，待科考求進仕。

　　此外於〈詰叢桂辭〉中，淩廷堪詳細記述了離家的景況：

> 乾隆四十四年二月，廷堪辭家海隅，負米江介，依人方
> 始，涉世未深，慨叢桂之不存，覩長淮之如故，臨風搔
> 首，悠然有懷。嗟乎！天上無好亂之神仙，世間無徇人
> 之儒術。三古已往，莫知其因，百感之興，無端而集。
> 於是為文一篇，投諸淮流以詰之。[18]

如此的心境，的確是百感交集。

　　清代學術研究興盛與「幕府制度」有相當大的關係，「幕
府制度」在中國源遠流長，自戰國始之「養士」以後兩千多
年，**讀書人遊幕便成為一普遍社會現象**，此一現象更關係著士
人之命運、出路及人生理想之實現，正因此，歷代士人遊幕現

象從未消失過。尤其是對「華夷」觀念根深蒂固的漢族士大夫
而言,「明清易代」之異族入侵統治之心理刺激和衝擊極其強
烈,因此,當滿清入關,除少數人歸順新朝外,其餘多起而反
抗,失敗後便隱居不仕,或者著書立說,傳播經道;或者援徒
講學,培養子弟;或者落髮披緇,逃於釋氏,或四處漫遊,寄
情山水。其中「遊幕」則是介於仕、隱之間,非入仕,因而與
仕於異族有所不同,這對自古即重氣節的士人而言,便無失節
之虞。另一方面,清初經過長年戰爭,社會經濟遭到嚴重破
壞,農民流離失所,民不聊生,朝廷為求地方行政的推行,用
人恐亟,此時深受儒家積極入世思想影響的士人們,在科舉入
仕的理想破滅後,往往把遊幕作為維持基本生活需求和施展淑
世濟民抱負的重要途徑。

　　而遊幕之興盛,對於統治者維持社會穩定是有助益的,因
為這群為數甚為可觀的士人,常是家境貧寒或科舉受挫者,他
們在數量上相當可觀,並且對士林仍有影響力,這些主要靠書
本知識而缺乏其他技能的士人,往往仕途之路受阻而成為可自
由流動的資源,這股資源力量大,因此,朝廷也明白在中國社
會上最有地位,最有影響力、號召力的莫過於知識分子,因此
須對此一族群控制得宜,他們在中國的統治方能確保無虞,鑑
於此,乾隆皇帝便不惜巨力促成《四庫全書》之編纂。

　　歸納清代二百六十餘年中,學人遊幕發展的演變,根據大
陸學者尚小明指出,有以下結論:

　　(一)學人遊幕為清代普遍的社會現象,這股風氣,歷時
二百多年仍不衰。期間遊幕的學人人數眾多,甚至包括了很多
對清代學術發展有重要影響的人物(如戴震、全祖望、惠棟、
江藩、方東樹),遊幕地域也幾乎遍及全國。學人遊幕之如此

興盛，是因為遊幕是入仕以外的其他各種職業中，較能滿足貧寒學人的基本需求，而又不與他們的價值觀念發生衝突的職業之一，甚而透過遊幕生活可使他們獲得一定的學術研究的條件，並與其他學人交遊中探討學術，間接施展經世之才的機會。

（二）學人遊幕活動的內涵，隨著時代的發展和清王朝的興衰存亡而發生變化。從清初佐理政事和參贊戎幕為主要內容，繼而從事學術文化研究的活動，清中葉轉向佐理實際軍務方面與邊疆輿地之學、造船製器之學，以及大規模校勘在戰亂中遭受嚴重損壞的文獻典籍。

（三）幕府制度的變化深受客觀形式的影響，學人們的心態與需求亦隨之變化。隨著政權的統一，士人們難以再獲得建功立業的機會，遊幕不再是晉升之階。於是，遊幕學人的活動轉向學術文化方面，幕府人員的任用方式由過去的延聘為主，變成延聘與奏調、檄委等。[19]

清代重要的幕府共有十四個，所謂重要學人幕府是指有一定規模，對清代學術文化發展史上佔有重要地位的幕府。當然幕府的大小與其地位或影響力未必成正比，然而規模宏大的幕府由於所幕賓客眾多，自然人才濟濟，一般而言的確有重要的地位或影響，淩廷堪投效過的幕府亦有多個，包括盧見曾幕府、[20] 畢沅幕府、[21] 謝啟昆幕府、[22] 阮元幕府。淩廷堪於待應殿試期間，由於生活上卻須尋求支援，因此便應清河觀察之謝啟昆（1737～1802）之聘於幕邸，時時商榷學術，淩廷堪投於謝幕前後共三年，賓主盡歡。有詩為證：

　　昔遊洪州歲丁未，襆被十日留蘇潭。是時日臞鶉尾次，

> 梅信已過無由探。……主人好客忘勢分，把臂入座容狂
> 談。人生從古重知己……殷勤勸我停征驂，此事回首三
> 數載，側身西望情空舍。[23]

這首詩中清楚交代兩人賓主情誼，直以「知己」相稱。在這遊
幕三年中，凌廷堪省卻衣食之慮，得以潛心鑽研，終於乾隆五
十八年赴京師補殿試，唱三甲第二十六名，時年三十七矣。為
報答謝啟昆之知遇，凌廷堪曾以厚禮謝之。直至翌年凌廷堪選
得寧國府教授之缺方離開謝邸。

2. 交遊廣闊

　　凌廷堪為人謙恭，交遊廣闊，這些人中或為同年，或同
寅，今就其門生張其錦《年譜》所記，舉凡安徽經學家江永、
浙江經學家盧文弨、安徽訓詁學家程晉芳、江蘇經學家王昶、
安徽經學家程瑤田、江蘇史學家錢大昕、安徽校勘學家鮑廷
博、江蘇經學家畢沅、順天駢體大家朱珪、安徽經學家姚鼐、
順天經學家翁方綱、江蘇經學家段玉裁、江西史學家謝啟昆、
浙江經學家邵晉涵、江蘇經學家汪中、江蘇經學家王念孫、江
蘇經學家武億、江蘇經學家劉台拱、山東漢學家孔廣森、江蘇
經學家孫星衍、浙江校勘家陳鱣、揚州經學家阮元、江藩、金
兆燕、焦里堂、章實齋、牛次原、李汝真……等等。包括書簡
往來，見諸集中、親揭其言論風采者，可見凌廷堪知交之廣。
張其錦曾於《年譜》卷三，提及：

> 先生嘗自言，一生得朋友之力最多，……，竊謂先生長
> 朐海，而自己亥容儀，壬寅入都，庚戌成進士，其知交

滿天下。²⁴

對於能相交者，廷堪皆誠懇以直諒待之，考古證今，靡不各厭其心，以去其郵筒往返，幾無虛日，遠隔千里，情同一室。如此竭誠待人，當然是交遊滿天下，於《年譜》中所記者不下百人，此處不一一列舉，就與淩氏交遊而影響深遠者，試述如下：

阮元：阮元初至揚州的淩廷堪便與阮元（1764～1849）定交，情逾骨肉，阮元學問淵博，仕途平步青雲，歷官乾、嘉、道三朝，官拜體仁閣大學士，地位顯赫，具備了其他官員難以具備的優勢條件來推動學術文化的發展，而淩廷堪也以此為職責，提倡學術研究，由於正處於乾隆時代漢學鼎盛之際，曾於京師與任大椿、王念孫等學者隨時請益，和同輩的焦循、江藩等切磋學問，由於個人能力有限，不可能獨立完成漢學研究成果的重任，於是阮元大量延攬、獎掖學人，他的幕府學人近於一百二十人，是清代規模最大的幕府，其中大家輩出，段玉裁、焦循、江藩、方東樹、王昶等等，這些延攬的賓客漢學家們從事編書、校書工作，詩人們則相互唱酬，調劑幕府生活，至於佐理政事的賓客則通過他們的活動，保證幕府學術生活能夠正常進行，而不會被政事打亂。²⁵ 淩廷堪有幸能與阮元定交，也奠定了他往後學術研究的基礎，阮元幕府的學術成就，在清代學術史上，乃至中國學術文化史上，都具有重要意義。《經籍纂詁》輯錄唐以前經、史、子等古籍注釋及訓詁之經傳文本，匯編而成。《皇清經解》收錄清初至乾嘉間的經學著作，一千四百多卷，差不多清代學術研究全盛時期的研究成果，尤其是經學方面的作品，盡予輯錄。

凌廷堪曾於《文集》中曾自述兩人初識之情狀，曰：

> 僕與閣下自辛丑年識面，甲辰年定交，皆在揚州，事非
> 偶然。彼時少年氣盛，自謂不啻大鵬之遇希有鳥也。嘗
> 妄擬李太白之於司馬子微，為〈後大鵬遇希有鳥賦〉一
> 篇紀其事。[26]

凌廷堪早年對阮元推譽備至，於《文集·上洗馬翁覃溪師書》中便得以見：「又有徵儀阮君名元字梁伯者，年踰弱冠，尚未采芹，其學問識解，俱臻極詣，不獨廷堪瞠乎其後，即方之容甫、鄭堂，亦未易軒輊也。素知愛才若饑渴，謹以奉聞。」[27]阮元與凌廷堪之情誼，或更甚於管鮑，凌廷堪晚年得阮元臂助尤多，後凌廷堪卒，阮元采其遺書，編纂儒林傳，若非阮元，凌廷堪之千古名山之業，恐不克臻。

翁方綱：翁方綱見凌廷堪之詩作、古文辭，及其他撰述，大加興嘆，認為是不朽之業，決定予以提攜。並鼓勵其應科考，凌廷堪自認為未曾學時文（八股文）而退卻，翁師即勉其「古今文一而已，豈有二理、二法哉？乃取案上文數篇示廷堪曰：『此時文也，寧有異於子所云乎？乃勗之學，於是遂受業先生之門。』」[28]凌廷堪正式受業於翁方綱，並入四庫全書館校書，從師習作時文，入成均館肄業。當年在老師之鼓勵下便首次參加科考，惜由於不熟時文而落第，此時的凌廷堪頗為失意，決定先返鄉省親。臨行翁師謂之曰：「予作主司而子被放，寧非憾事。然子今者尚未作時文也，苟作之，取科第不難，毋以一蹶而隳其志也。」[29]二年後凌廷堪再度返都，投靠好友牛次原，離翁師頗近，二十九歲的他，乃「發憤每月課時

文四篇，文成必請先生指授，如是者年餘，榜前以文質先生，先生喜曰：『中矣！』」這次淩廷堪寄予厚望，信心滿滿應試，榜發，可惜仍不第。翁師曰：「子之文可中而不中，蓋天之所以厚子也，于必勉之。」再次不第的衝擊，淩廷堪決定暫離京師，與師遊於河南，後再試，終成進士，時年三十四歲。

淩廷堪雖曾屢試不第，然而翁師卻屢以鼓勵，時時提攜，如此情誼，淩廷堪自是沒齒難忘，他曾於詩文中感激的說：「嗟乎！以廷堪之駑駘失學，中間又惑於浮言，非先生之策勵，烏能及此。古人有言，得一知己，可以不憾。若先生者，可謂知己矣！」而對於這歷經多次應試方遲來的登榜，淩廷堪曾作〈會試聞捷作〉：

> 平明飛騎出天閽，一紙紅牋姓字香。自是群公精藻鑒，非關賤子善文章。宵藜敢擬臨東觀，春草還欣慰北堂。憶否黃簾十年夢，短檠風雨讀書床。[31]

詩中所謂十年夢，該是當時心境上的一種解脫，從幼時家貧失學，而今總算得以光耀門楣，不負母親之期望，亦得慰父親於黃泉。

3. 終生清貧無子嗣

入贅華氏：淩廷堪居二十八齡，於揚州入贅揚州詞曲館同事之女華氏，[32] 中國民間嫁娶的方式因地方、風俗、民族而有異，普遍而言，皆為「男聘女」為娶，婚後女即歸入男方戶籍。然而亦有較特殊者，如贈婚、賜婚、[33] 贅婿等等，其中

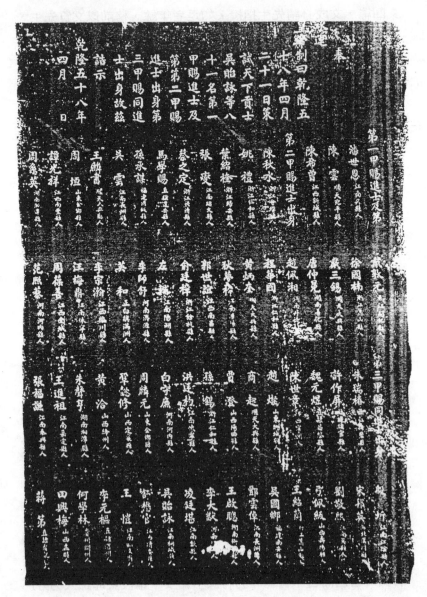

附圖：1-1〈乾隆五十八年進士題名碑〉，碑在北京東城區孔廟。[30]

尤以「贅婿」最為特殊，古人常以「家富子壯則出分，家貧子壯則出贅」，藉以救濟貧而難娶者，所謂家貧無有聘財，只得以身為質，就一般人而言，除非不得已，否則多不願為之。為此他曾作〈夏日感興〉詩：「綠陰深處亂蟬鳴，望遠無端客思驚。已悔暫為齊贅婿，可堪常作魯諸生。瑤琴此曰彈應倦，金線頻年壓未成。底是廣陵佳麗地，照人唯有月多情。」[34] 中國是個極重宗祖制度的民族，招贅而言，女方招婿的原因可能為繼承宗祧、養老、撫幼，或缺乏勞動力，而男方則是因為家中貧窮，迫於無奈才入贅，廷堪年已近而立，卻無所成就，因此只得入贅，情有可原，但是他內心的衝擊，從上詩終可略見端倪，明言出「悔」字，「可堪常作魯諸生」更道盡無奈之意。

兄子為繼：淩廷堪五十三歲六月逝世，《年譜》載：「嘉慶十四年四月先生自杭回歙，倏於六月初一晚膳席間，偶一傾跌，扶起遂不能語，四更後痰湧而卒，距生於乾隆二十二年丁丑年八月二十日，享年五十有三」。而戴大昌之〈淩次仲先生事略狀〉中亦為此深慨：「先是術者謂先生運行在甲不吉，然乙丑春，先生之兄卒於學署，夏又丁太夫人憂，而淑配華孺人於九月隨逝，即一僕亦死，僅存側室張氏，可謂劇矣。」[35] 或許是哀傷過度，因此亦相而殞。

淩廷堪的身後事頗為淒涼，他的學生程洪浦為其主喪，由於無子，胞兄有子二人，長嘉錫，次嘉錦，嘉錦早卒，於是便尋胞侄嘉錦為繼，嘉錦之子承重孫。《年譜》曰：「襄喪事者，惟程生洪浦一人，夏朗齋先生時為料理。」[36] 連他的愛徒張其錦，亦於多日後方得聞訃徒步來奔。

4. 講學以終

宋代開啟了書院講學之風，形成了獨特自由的教學風格，書院教學十分強調學生讀書要適時提出疑問。宋高宗南渡之後，理學家們紛紛創辦書院講學，使理學與書院同時勃興，從而推動了書院的發展，在這段時期內，書院作為一種制度化的私學終於趨向成熟與完善，學術研究、自由講學，問難辯論等書院教學特色得以充分地體現出來；確立課程，制定學規，建立管理機構等書院制度也完全形成。尤其重要者，理學家們明確提出書院的獨特教育理念，因而要求書院應確立獨特的教育宗旨，要求學生講明道德義理，研究學術，使書院成為培養能傳道濟民的有用人才之所，淩廷堪終生為官之時不多，而選擇講學傳授學問，他所任教之書院計有洋川、敬亭、紫陽等。

洋川書院：廷堪自三十九歲至四十九歲任寧國教授，這是他一生中唯一當官的十年，由於清譽日隆，才學洋溢：

> 故人遠自塞外回，象比講席旌川開。 [37]

可見不少生徒，不遠千里來徽受業。然謙下過甚的淩廷堪，於此深受敬重可見一斑。

敬亭書院：四十九歲那年五月兄廷堯卒，[38] 六月母王氏卒，[39] 九月妻華氏卒，僅有的親人相繼過世，淩廷堪哀慟至極，因丁憂，故卸教授任，守喪三年。守喪期間以名望學養俱高，開始主講「敬亭書院」，《年譜》載曰：

> 春二月來宣，於開館後，偶至府署由角門送出，次日又遣使立請，即作劄辭之曰：前此教授知府接見之儀，有

　　國家典例在，今則忝敬亭講席，與閣下則賓主矣，在某
　　微賤不能以禮自處，固無足惜，若仍僕僕於閣下之門，
　　是不能以禮處閣下矣。

由於仍處於母憂期間，在此講學已屬不該，因此廷堪不受慶
祝，低調授徒。

　　紫陽書院：淩廷堪廷堪五十一歲應聘主講紫陽書院，紫陽
書院承朱子理學餘緒，又是徽州人才薈萃之地，因此對徽州一
地的學風，有著主導作用，既是承朱子理學，淩廷堪主張理學
非儒學的正統，儒學修己治人之實側重於禮治，當然與紫陽學
風有異，於是大聲疾呼、矯正學風，便成為淩廷堪主講紫陽書
院時之要務。既為第一要務，淩廷堪主講紫陽書院前後年餘，
運用了最為實務的方式來辨明禮、理之異，他以《大學》、
《中庸》為提問，讓學生比較朱子與鄭玄所作註解之異同，並
論其短長自定取捨，以分明理學與禮學孰為正學。由於淩廷堪
的力挽學風，在淩廷堪遂於課題中殷殷以理、禮之辯為訓，弟
子中亦多能闡揚師說，如張其錦便是。

三、學術成就

　　淩廷堪學問精博，治學嚴謹，尤善於典制之考證，每考一
制，融會貫通，更能推其所以然。而其學術成就除義理之外，
考據、曆算、史學皆有成就，更精通樂曲，尤以詩作更是他的
生活記錄，以下分項述之：

　　⑴義理：淩廷堪之學，本以考訓古典禮制為要，於義理上
雖繼承戴震之說，但亦多有見解。錢穆先生的《中國近三百

學術史》中說：「東原之深斥宋儒以言理者，次仲乃易之以言
禮。同時學者里堂、芸臺以下，皆承其說，一若以理、禮之
別，為漢、宋之鴻溝焉。……再傳為次仲，則分樹理、禮，為
漢宋之門戶焉。至曰格物即格體之器數儀節，是宋儒以格物為
窮理者，次仲以格物為考禮。」[40]這是凌廷堪的義理之學，當
然他更深入戴學義理門徑。

戴震大力反對理學，並考證出理的本義是「肌理」、「剖
玉而見其紋理」，沒什麼形上的意旨，同時也認為理學深浸於
佛學。但他對理學的批評，只是說理學是「彌近理，而大亂
真」，看似儒學而實非。而凌廷堪全面且毫無保留的否定理
學，在〈復禮下〉他簡要直截地聲言：「聖學，禮也，不云理
也，其道正相反，何近而亂真之有哉！」[41]凌廷堪的禮學思想
有其相當的理論系統，很快就在學術界產生鉅大影響，對學術
界尤其是年輕學子，造成旋風「披靡之勢」。據方東樹的描繪
是「以狂飆之勢」，披靡天下，一時之間，學界以言理為禁。
凌廷堪提出重禮的思想，也徹底落實在他行禮踐禮的虔敬與篤
實中。他認為，道德修養的工夫不必再像宋儒一樣，苦於義理
上追求倫理德目，而是偏重以外在的禮容來替代內在心性的修
持。凌廷堪甚至以「禮」來會通天道性命，以禮儀的躬行實踐
作為個人內在心性的基磐，藉著禮的踐履來體現抽象的倫理道
德。他說：

> 修身為本者，禮而已矣。蓋修身為平天下之本，而禮又
> 為修身之本也。[42]

不必空言敬之理，只要能習行復禮，習之既久，道德仁義自然

應運而生。只要四體五官的視、聽、言、動都能合乎禮節的矩則，都能以禮為依歸，則天下自然歸於仁道，所有倫理道德的體現都繫乎一「禮」。所以，淩廷堪之親身習恭，力勸禮儀的摹擬實行，正是欲矯宋儒「以虛理為禮」的謬誤，而高倡「以禮代理」。將抽象的天命性理之形上追求，轉而為日常生活的道德實踐，藉著人倫日用間行為儀則的修持謹守，來完成道德的修養。從重內在心性的修持到外在禮容的表現，從天理性命的形上追尋到人倫日用、應世接物間生活道德的實踐；這種「由虛轉實」，由形上的哲理轉向人倫日用之道，由心性超然的體悟轉向身體力行的具體實踐，可見淩廷堪《文集》中充滿「重禮」的思想，本論文將於後論述，此略。

　　(2)考據：乾嘉時期的學術思想雖仍延續開國之初，以程朱之學為既定國策，[43] 但是因為乾隆對理學較不感興趣，以為理學不過是道學家的偽飾，所以對於學術的倡導，即盡棄宋明心性之學而直承經典，希望通過對經典的學習，重新體悟聖人修身、齊家、治國、平天下的思想。乾隆十年（1745）十一月頒諭，責成九卿、督撫舉潛心經學的純樸淹通之士。十五年（1750），乾嘉漢學先驅顧棟高因為《春秋左氏傳》的研究被乾隆讚為「積學之功」，以經明行修之士授國子監司業。[44] 乾隆對於經學的提倡，可以看出其時學風已較清初有所轉向，譬如以經學作為用人與選材的依準，一時於漢學考據有所成者，多躋身薦舉之列。

　　而這些人幾乎囊括了乾嘉漢學研究的全部精銳，且大多與淩廷堪互有交遊。乾嘉時期，朱學在形式上仍為官學，然學風已有所改變，不但乾隆已不強調尊朱，地方上也出現從事經典考證的學風，一般稱為「樸學」，吳派、皖派和揚州學派是主

要的學術派別。梁啟超論當時的學術狀況說：

> 乾、嘉間之考證學，幾乎獨占學界勢力，……可以說
> 是，清代三百年文化的結晶體，合全國人的力量所構
> 成。[45]

考證之學可以說是當時的顯學，但是整個時代的學風則大致傾
向學術整合的面貌，即以義理、考據、辭章之學為統一的學術
理論架構。

凌廷堪認為考訂須以義理為主，這是最重要的原則；其次
是細節部分，須合乎為文勢，意即以考訂對象的前後文意為考
量，並非旁取他說而作為考訂之標準；再者，考訂須講求實
際，以其所據之原處為妥當。理是存於古人之經籍之內，亦是
存於事事物物之內，由勤學之途必可得之。因此，考訂之學，
一方面遵循程朱之學而可以得義理，一方面須以聖人之典籍為
準。因此，凌廷堪強調「通經學古」為尋得義理之正途，考訂
之學不能不重視，但還得視其是否需要而定。而考訂所據者，
以當時而言，朝廷欽定之經傳，四庫館所校之書籍，都可作為
依據之本。

朝廷欽定之諸經傳疏義說，以及經過四庫館閣所校訂之
書，都是「學古通經」的最佳範本。凌廷堪曾參與四庫全書的
編修，當然肯定其考訂之功，並且以之為考訂的最佳示範。考
訂不只是求得義理的途徑之一，還可以平心養氣，在「知」的
求得當中也同時達到「行」的實踐。因此，凌廷堪論考訂之學
的觀點，即其論「知行合一」循「朱子之言學，固未嘗有能知
不能行者也」之思想理路。[46] 從凌廷堪論考訂，念茲在茲仍

以勤學讀書為準，「考訂」是積學博綜之務，也唯有如此才能
發現問題，並藉考訂而解決問題。博精經史考訂自然為使詩醇
厚的條件之一，故考訂不再只是學問之道，更是學詩之正途。
由此亦可知淩廷堪論詩講實學，其實學就是精研古人作品，而
此精研之道即是對考訂之學的掌握。

　　從淩廷堪的生平看，研究學問是他的重心與興趣，舉凡諸
經注疏、史傳考訂、金石文字等等，都是他所用心的對象，將
這些平日關注的學問之事入詩，不免予人將學術考訂移入詩歌
創作的印象，而形成以詩為發明義理、顯示學問的手段。

　　(3)曆算學：乾嘉學派的實學治學方法，對數學、科學知識
活動也產生了直接的影響。梁啟超於〈清代學者整理舊學之總
成績〉中，歸納出十一種學術研究類別，第十項便是「曆算
學」，他說：

> 在科學中此學最為發達，經學大師，差不多人人都帶著
> 研究。[47]

算學在當時之所以會受到如此的重視，與作為治經的工具有密
切的相關，而這相關性，正是乾嘉學者精於考據之影響。梁啟
超對乾嘉以後治算之人的分類中，更可以看出治算與治經間的
關係。梁氏將治算之人分為三類：臺官、經師與專門算學家，
[48] 他說：

> 經師者，初非欲以算學名家，因治經或治史有待於算
> 學，因以算為其副業者也。……自餘考證家，殆無一人
> 不有算學上常識，殆一時風尚然矣。[49]

算學不但在乾嘉學風下有了依附的空間，更在乾嘉學派對治史的重視下，有了發揮的餘地，例如閻若璩利用曆算來辨古文《尚書》之真偽，更得到了乾嘉學派學者的高度重視。

淩廷堪對於經書中「一歲寒暑發斂之故」，曾「百思不得其解，遂疑天道果難明也」，直到讀了步算家之書後，開始他對算學的興趣。他有兩篇關於「幾何學」的文章，分別對於直線與三角有獨到的發現。這兩篇文章為〈方直儀銘並序〉與〈立三角儀銘並序〉對於自己體悟方直儀深以自喜，說：

> 方直儀……蓋會通授時弧矢割圓法而入於西法者，前此所未有也。[50]

淩廷堪在治經的需要下開始研究算學，他的〈射禮數獲即古算位說〉便是應治經之需而對數學作的考證，他用數學上的機率原則來解釋鄉射禮中的「投壺」，算出古代布籌列位的基本方法。

淩廷堪比較中西發展觀，進而揭示事物發展的狀態。如中國度量衡來由為黍積為分，分積為寸，寸積為尺，尺積為丈為引，此所謂度，黍積為龠，龠積為合，合積為升，升積為豆為釜，此所謂量，黍積為銖，銖積為兩，兩積為斤，斤積為鈞為石，此所謂衡。進而指明：

> 西人點線面體之說，古聖人固已嘗言之，後人特未之察耳。[51]

指出平弧三角，亦中國所自有，非西人之新意。證明中國數學

的發展成就。其次，根據是以黍「為數之始」即西人所謂「點」，黍積「點之引而為線」，由是線之引而為面，面之積而為體，最後得出結論：

> 是故度之為分為寸也，是西人由線而面之說也。量之為龠為合也，是西人由面而體之說也。而律與衡，實兼點線面體而一之。……帝王之政莫有先於點線面體者矣。……由此觀之，大之而典樂授時，小之而考工制器，何一不由於點線面體，即何一不出於律度量衡，故曰黃鐘為萬事根本也。[52]

雖是在解說中國之度量衡，凌廷堪於此揭示出事物發展由小到大，由少到多，由低級到高級，由簡單到複雜的循序漸進狀態，引出一串事物發展的狀態。

其次，於星象方面，凌廷堪參考圖籍，兼用西法，提出「所當順天以求合，不當為合以驗天」，尊重客觀物質世界，「實測」天象，得出許多正確的結論：天體左轉、日、月、五星與恒星皆右轉；闡明節氣、月盈虧、日與月蝕來由；恒星日與太陽日區別產生歲差，指出宋沈括二十四節氣為一年與西法同，不用設閏月；會通授時弧矢割圓法求時「分秒無愆」、「月本無光，借日為明」所有這些，凌廷堪認為「可以破禨祥之矯妄」，和「屏災祥之舊說」。這無疑是唯物的辯證發展觀。凌廷堪認為天下萬事萬物「必變」，「天地之氣，一廢一興，一盛一衰，物極必變」；「剛極則折，堅極則缺」；物極必反、寒極則必暑。於此，他又藉萬務必變之理，解釋天下學術變化規律。

(4)史學：「淩廷堪不僅治經精善，其史學成就亦為流輩所推。」這是錢穆先生在《中國近三百年學術史》中的一段話，生於異族統治的清朝，淩廷堪對於民族觀卻有不同於宋明儒者的見解，錢穆先生評為「反民族觀念的歷史」。江藩就稱讚他：「於史，則無所不習。大事本末，名臣行業，談論時若瓶瀉水，纖悉不誤」。[53] 淩廷堪於史，並無專著，然而其《文集》與《詩集》中，論史的篇章卻不少，或藉史事討論史法、史統，頗有特殊見解。於《詩集》中，淩廷堪曾論史道：

> 史以載治亂，學者資考究。胡為攀麟經，師心失所守。
> 拘拘論正統，脫口即紕繆。拓拔起北方，征誅翦群寇，
> 干戈定中夏，豈曰無授受？蕞爾江介人，弒篡等禽獸，
> 荒淫無一可，反居魏之右。⋯⋯南渡小朝廷，北面表臣
> 構，奈何紀宋元，坐令大綱覆？免園迂老生，永被見聞
> 囿，安得如椽筆，一洗賤儒陋！[54]

淩廷堪向來好批評宋學，因為宋儒論史，向來重視「正統」，以北魏為例，北魏是鮮卑拓跋氏所建，國祚達一百四十九年，與東晉、劉宋、蕭齊、蕭梁相互抗衡，造成南北大分裂，在此狀態之下，無所謂正統政權，不論北方或南方，都僅擁有半壁江山，未曾統一天下，淩廷堪認為以「非正統」認定非大公之論，唯獨司馬光的《資治通鑑》筆法不偏頗，除此之外，宋儒所論皆是賤陋之說。

對於這一段歷史，淩廷堪譏宋儒賤陋，拓跋氏雖非中原正統，但能一統天下，推行漢化，融合胡漢差異，功不可沒，而宋儒屢以其「非正統」而否定他的成就，相形之下，宋儒真是

鄙陋之賤儒。這種觀念，打破了傳統的正統觀，他是以一種反民族觀念來論歷史，這和當代儒者論史有異，是一種打破傳統的思想。

　　淩廷堪對歷史的態度是「載治亂，以為殷鑑」，撰史的目的是為了給後世有所借鏡，因此，要客觀記載事實，不須給予太多個人主觀的評價，橫生議論，妄加褒貶。再者，引所讀《宋史》說：

> 靖康之時，不幸而用李伯紀之言，而東都旋亡；紹興之際，幸而不用胡邦衡之言，而南渡僅存有識之士道學之焰，隆隆不已，宋竟全入於元……。[55]

這些歷史事件與人物，淩廷堪都重新給予不同的評議，甚至連被視為千古罪人的秦檜，他都重新給予歷史評價、為之申辯，他說：「秦檜之當國也，召還諸將和議，遽成，未覩用兵之究竟，故拘儒切齒痛詆為非」。[56]淩廷堪為被視為罪人的秦檜申冤，並在他客居揚州時還親至岳飛陵前秦檜所跪之地，與當地人辯論。

　　淩廷堪甚有意見的正史尚有《宋史》一書，他說：

> 《宋史》成於元末，其時道學方盛，所謂君子小人者，皆朋黨之說為之也。[57]

《宋史》完成於元末，當時道學正興盛，議論不離義利之辯與君子小人之異。因此，《宋史》中論斷人事每以君子、小人為憑。淩廷堪讀《宋史》後指出此「所謂君子小人者，皆朋黨之

說為之也」，而不是根據個人行為之義否為斷，如此枉顧史實，只憑己見輕易議論，實不可取。

淩廷堪對唐宋以來史法的批評，可以得知，淩廷堪認為作史之義在載存史實，當很公正的筆之於書，不可偏頗，是非讓後人來公斷。宋人或襲《春秋》而為褒貶，元人或拘道學而為君子小人之分界，都極易流入私心己制，混淆史實。同時，歷史的存在乃一不容置疑的事實，因此對於史事的記載，更不可因夷夏種族之異，國阼長短，而有所貶削，錢穆先生也稱讚他的想法是為乾嘉學者中，深心治史之士所當引以猛省深惕者也。

(5)樂曲學：淩廷堪精研於禮學，追《周禮》可知，禮之行需合樂，因此，他亦勤於樂曲學研究，所撰《燕樂考原》六卷，[58] 詳列琵琶四弦每弦所產生的各音調，臚舉其調名，上自郊祀樂章，下至院本雜劇，網羅無遺，引起後人研究戲曲的興味。江藩極為推崇此篇，以為思通鬼神。

清儒所治樂學，分為兩方面，一為古樂的研究，二為近代曲劇的研究。而古樂的研究又分為「雅樂」與「燕樂」之研究；至於近代曲劇方面則有「曲調」與「劇本」之研究。[59] 自周代而漢、魏晉南北朝，燕樂的內容與性質差別並不大，隋唐時燕樂的名稱雖同而內容有異。它是一套從後周末隋初開始整理，至唐貞觀時完成之宮廷燕樂的節目。表演大型樂舞，兼具藝術性與儀式性。雖然性質較為傳統保守，但在隋唐五代時也有了改變，其從自娛轉為宴會中娛人的特性、與其他器樂互相影響交融、與當時流行曲子互相滲透等，使琴曲趨於俗樂化。

淩廷堪認為「世儒有志古樂而不考之於燕樂，無異扣槃捫

燭」，於是撰《燕樂考原》六卷，卷一云：「燕樂之原，出於琵琶」、考定燕樂之來歷。「燕樂」之「燕」又作「宴」或「讌」，簡而言之是宴饗時所演奏的音樂。「燕樂」一詞的源流，最早可追溯至《周禮》：

- 〈磬師〉：磬師，掌教擊磬，擊編鐘，教縵樂、燕樂之鐘磬。[60]
- 〈鐘師〉：凡祭祀饗食，奏燕樂。賈公彥〈疏〉曰：「饗食謂與諸侯行饗食之禮。」[61]
- 〈笙師〉：凡祭祀饗射，共其鐘笙之樂，燕樂亦如之。[62]
- 〈旄人〉：凡祭祀賓客，舞其燕樂。賈公彥〈疏〉曰：「謂作燕樂時，使四方舞士舞之以夷樂。」[63]

以《周禮》之記載來看，凡祭祀鬼神、饗食諸侯賓客都採用燕樂。除了歌聲還包含舞蹈的表演，「使四方舞士舞之以夷樂」雜用外族歌舞，即是燕樂的特色。亦專指宴饗時所用的音樂，故燕樂在早期主要是用於宴饗此音樂類型的專稱。

凌廷堪申明「唐志燕樂之器，以琵琶為首」，據段安節《樂府雜錄》記載唐代的樂器約有三百多種，[64] 其中有許多是燕樂的重要配備。分為管樂器、弦樂器及打擊樂器，尤其打擊樂器能敲打出鮮明強烈的節奏，以帶動熱鬧歡騰的氣氛，故數量最多。中國傳統樂器與外族樂器兼而有之，種類繁多，這些樂器以琵琶為燕樂樂器之首。

凌廷堪並在書後附錄燕樂表，融會中西之燕樂，隋唐燕樂二十八調即依琵琶弦定律的。作〈燕樂二十八調說上・中・下〉、〈字譜即五聲二變說上・下〉、〈宮調之辨不在起調畢曲

說〉、〈徵調說〉、〈燕樂以夾鐘為律本說〉、〈明人九宮十三調說〉、〈南北曲說〉、〈聲不可配律說〉等等。《續修四庫全書總目提要》對於凌廷堪之《燕樂考原》多有意見，認為凌廷堪「每以囿於俗樂為病」，[65] 然凌廷堪於樂曲學所下的工夫甚多，梁啟超稱讚他是最能明樂條貫者。[66]

(6)辭章：凌廷堪一生研究經籍、從事考訂、探索金石、精通書畫、創作詞章、考究音樂、研究數學，具備多方面的成就。以下就其於辭章中之成就，略作敘述。

甲、《詩集》：凌廷堪十五歲便能詩，所作甚多，對於舊作他隨時予以修改，詩集從他生前便有所編輯，先後作詩集名為《紫石山房吟草》、《海隅集》、《蠻江集》、《負土集》、《遊燕集》、《春草閣詩》、《易蝸集》，他的門生張其錦在其逝世後蒐羅編輯而成《校禮堂詩集》。

《詩集》共有十四卷，或為明志，或為抒懷，或為辨學、或為詠物……內容無所不包。通經汲古的觀念在清代學術上成為主流，在詩文的創作上，也出現詩歌與經世相結合的見解，清初的錢謙益曾以「操海內文章之柄」雄據當時文壇，認為詩歌創作應體現出經世精神，他說：

> 先儒有言，詩人所陳者皆亂狀淫形，時政之疾病也；所言者皆忠規切諫，救世之針藥也。[67]

詩歌應反映現實的看法自古即具，而返經循本與通經汲古的主張則是今人應有的態度。他又說：

> 今之為詩者，不知學而徒以雕繪聲律、剿剟字句者為

> 詩，才益駁，心益粗，見益卑，膽益橫，此其病中於人
> 心，乘於劫運，非有反經之君子，循其本而救之，則終
> 於胥溺而已矣。[68]

此處所言之「經」，指的是儒家經典，而所謂的「反經」，也就
是恢復儒家關懷時政，以言之有物為作詩之本，表現於現實的
各種情感反映。淩廷堪於詩集中展現了他的詩作才華，本書將
於第三章再論，此略。

乙、《文集》：淩廷堪的文集共三十六卷，內容無所不
包，舉凡賦，史論、騷、辭、表、戒、啟、檄、露布、頌、
贊、箋、銘、考、辨、解、說、論、連珠、書、序、跋、文、
傳、碑、行狀、墓誌銘、誄、祭文等，值得一提的是「行狀」
與「年譜」的撰寫。

梁啟超歸納的學術研究類別第九項「譜牒學」，他說：
「方志」、「族譜、家譜」、「年譜」這三項是國史用以取材的
重要資料來源，尤其是年譜之效用，時極宏大，可供千百年後
之人們感發興奮，然：

> 非有詳密的傳記以寫其心影，則感興之力亦不大，此名
> 人年譜之所以貴也。[69]

當一個偉人殂逝，其言論行事，若無人將之詳實的筆之於書，
其人恐將迅速被人遺忘，因此，這三種文類的撰寫，是有其價
值的。至於「年譜」，梁啟超先生之說可分成四類：一撰年
譜。二友生及子弟門人為其父兄師友所撰年譜。三後人補作或
改作昔賢年譜。四純考證的遠古哲人年表。第二種中又有篇幅

及長之行狀事略，往往詳記狀主事蹟之年月，雖不用譜體，其效力亦幾乎與年譜相當。凌廷堪於《文集》中有不少此類著作。年譜：如〈元遺山年譜〉。行狀：如〈戴東原先生事略狀〉。族譜：如〈如寧國凌氏宗譜〉、〈懷遠宮氏族譜〉。

　　綜觀凌廷堪之生平，雖出於貧寒之家，卻力爭上游，發憤為學，進士及第後，並不汲汲為官，反於書院教導後學，傳播所知，實為一值得推崇的儒者。

第二節　強調「實學」的學術氛圍

　　「虛」與「實」為兩個對立的概念，在學術思想中，是價值中立、不帶任何優劣判斷的形容詞。宋明理學家的心目中，「理」就是「實理」，道德修為就是「實學」，理學就是一門研究「實學」的學問，凡道德範疇之學都屬「實學」。但是，對清代的學者們而言，他們的看法卻大不相同，他們認為宋明理學家所講的理是「虛理」，學是「空虛之學」。惟有立足於實事實物上，存在於經史中的人事制度才是「實學」；惟有訓詁解經、經世之學才足以稱之為「實學」。清儒黃宗羲便說：

> 受業者必先窮經。經術所以經世，方不為迂儒之學，故兼令讀史。[70]

王夫之也說：

> 尊經究理以為本，適時合用以為宜，登士於實學。[71]

如此提倡窮經讀史，知史明經，認為能將書中的道理真正落實於歷史人事間，才是儒者經天緯地的大業，才是有益國計民生，能經世濟民的徵實之學。直到乾嘉時期戴震也說：

> 經之至者道也，所以明道者其詞也，所以成詞者字也。由字以通其詞，由詞以通其道，必有漸。[72]

戴震認為道存於六經之中，故重經尊經，以經書裡的名物訓詁與人事制度為實，認為惟有依據經典，實事求是地講明書中的典章制度才是實學。

　　宋儒排斥佛老的空寂虛無，以為掌握住事物的本原、宇宙人生的本體，就可以把握住這一永恆不變的常道真理，擴而充之，自然能夠推至於形下世界的運用。而清儒之所以攻擊宋儒者，正是對其「操存功至，即可將百萬兵」的天真想法加以駁斥；[73] 認為儒學本是體用兼備，內聖外王兼具的，最終目的無非是要措之天下、潤澤斯民。然而宋明理學家只重道德意義的是非善惡，不重現實意義的成敗得失，樂觀地以為只要在義理方面用功，便可以解決客觀世界的成敗問題，這種自足於心性的涵養，對於其所不能自主之客觀世界存而不論的態度，相對於歷史難題的解決而言，自然無法發揮其經世的力量。因此，每當亂世俗弊之時，理學家這種不重視事功，寄望以德性來保障事功之過度樂觀的缺陷，就會被突顯出來，這種「見利思義」、「欲而不貪」、「何必曰利」等嚴於義、利之辨的傳統儒學主張，不禁讓清儒對儒學的經世功能產生懷疑，懷疑成聖成德之學不足以救世。這便是經世學風、外王傳統之所以每於亂後重新被提起的原因，也是清儒攻擊宋明理學家最重要的立

論根據。

業師張麗珠於《清代新義理學》中，對於儒家義理學提出兩種類型，一為儒學所強調的道德形上之學，強調內聖之學，修身之道，存理滅欲，不追求功利、嚴於義利之辨之「非功利取向傳統」。二為清儒將傳統義利關係加以重新解構，而另立出於理學道德形上門庭之外，強調「經驗形下」，重視人倫日用，肯定人欲，追求實功的新義理取向。[74] 第二種義理取向中的「重視人倫日用，肯定人欲，追求實功」便可視為清儒「實學」的內在思考趨勢，他們已將義理學從形上性理、講求內聖修身的理學，轉向到重視現實世界與通情遂欲的合理講求了。[75]

以經學為實學，雖然限定在方法論為出發的結論，但卻是清初學者的一致看法，清儒認為，就學術思辨而言，「虛」是採用形上思辨的「玄虛」，也可以指清人批評宋儒空憑胸臆的「空疏」而言，還可以形容理學偏重道德形上而脫離現實之「無用」。而「實」，也有兩種義涵，可指學術方法上從經驗主義出發、取證確鑿的「實證」方式，也可指考據學回到經書中找證據，是實在、有憑有據的學術活動，非宋儒之空所依傍、空憑胸臆的治學方法。[76]

因此，清代學術，嚴格地不信任一切沒有具體證據的臆說，講求有一分證據，說一分話的求實態度，他們要求蒐羅宏富，充分羅列證據的治學方法，建立務實的學風。

第三節　清代前中期禮學成就述略

　　《欽定四庫全書總目》說：「古稱《儀禮》如聚訟，然《儀禮》難讀，儒者罕通，不能聚訟。《禮記》輯自漢儒，某增某減，具有主名，亦無庸聚訟，所辯論求勝者《周禮》一書而已。……鄭康成注、賈公彥、孔穎達疏，於名物度數特詳，宋儒攻擊儘摭其好引讖緯一失，至其訓詁則弗能踰越。」[77] 可知，《儀禮》之學在宋就逐漸衰微。清代是一個經學昌盛的時代，其中禮學尤為發達，且由私人著作逐漸轉向由官家出面纂修。以蒐羅清儒經學作品編成的《皇清經解》、《續皇清經解》這二部書來看，其中以有關三禮者為最多。[78] 劉師培於《經學教科書》說：近儒著三禮學者，始於徐乾學《讀禮通攷》，僅凶禮一門。而萬斯大作《學禮質疑》、《儀禮商》、《禮記偶箋》。蔡德晉作《禮經禮傳本義》及《通禮》。毛奇齡於昏禮、喪禮、祭禮、廟制、學校、明堂、宗法、郊禘，咸有著述、盛世於《儀禮集編》，兼治禮經，然揉雜無家法。[79] 梁啟超先生於《中國近三百年學術史》亦有類似說法，在〈清代學者整理舊學之總成績〉一章當中提到，清朝《禮》學復興的淵源是從黃梨洲、顧亭林兩位開始，因為他們二人懲於晚明空疏之弊，因此提倡讀古書，而讀古書自然處處都感覺禮制之難懂，故對於禮學多所提倡，是故梁啟超先生認為清朝之禮學即萌芽於此時。[80]

　　清初儒者鑑於明亡，提示了宗法破壞的嚴重事實，因此不願與新朝合作的士人，便以禮教為職任，冀存宗法、華夏文明，凸顯禮學的實踐迫切性，[81] 移風易俗亦成為儒者的新使

命,因此與人倫日用最相關密切的「四禮學」研究也因之應勢而起,[82] 大量的考禮著述,除了考禮之形式外,考證背後所呈現的思想更是清儒論禮的一大特色。

一、以禮經世的禮秩落實

明中葉時,陽明教人透過宗族、鄉約、講會深入下層民間社會,以定時聚會的方式,通俗的語言形態宣揚儒家倫理德目、婚喪葬祭生活禮儀,期能以此敦厚風俗,由於陽明教人,原不重視書本與見聞的知識,他只要人直接認取良知,照著良知良德指示去做,即使愚夫愚婦也都有成為聖賢的可能,鼓舞平民上進的意志,而大受歡迎,他的弟子到處成立書院,講會,樵夫、陶匠、農工、商賈都可聽講,使得講學事業更趨通俗化、平民化。然而,陽明既不重視知識的研究,易啟空疏之弊,束書不觀。良知之說也沒有客觀的準據,於是便有人得所假借,拿良知做護符,掩飾任情放縱的行為,造成一世莫可挽回的頹風。[83] 因此,真切的把儒家教化的焦點集中在端正社會禮俗,並在知識界清楚提出「以儒禮正今俗」的宗旨,便成為清儒的共同新使命,對他們而言,風俗之厚薄,關係著人心之正邪,治平之要件不只在個人的內在道德修養而已,更迫切的是儒家生活禮儀的外在實踐,這種使命形成對儒家四禮研究的興盛。

梁啟超認為清代禮學之萌芽為黃宗羲、顧炎武,但是並無禮學的專著,其他致力於禮學研究者還包括張爾岐(1612~1677)、毛奇齡(1623~1713)、萬斯同(1638~1702)、萬斯大(1633~1683)、徐乾學(1630~1694)、李塨(1659~

1733）、惠棟（1697～758）、江永、汪紱（1692～1759）、戴震、許宗彥、惠士奇（1670～1741）、程瑤田、胡培翬（1782～1849）等等。

張爾岐：梁啟超認為清初最早治《儀禮》學的是張爾岐。張爾岐，字稷若，自號蒿庵居士，山東濟陽人，年三十，讀《儀禮》，嘆曰：「漢初高堂生傳《儀禮》十七篇，武帝時，有李氏得周官五篇，河間獻王以考工補冬官，共成六篇，奏之。……漢志所載傳禮者十三家，其所發明，皆周官及此十七篇之旨也。十三家獨小戴大顯，近代列於經以取士，而二禮反日微」。[84] 他認為《儀禮》由於難讀久不受重視，然而，《儀禮》是周公所定，孔子所述，是當時被視為聖君賢相君子所遵循的準則，因此絕不可因其難讀而廢之。

他在康熙十年撰寫完成了《儀禮鄭注句讀》，這本書除了請顧炎武幫他撰寫序文外，顧炎武更是稱讚是「獨精三禮，卓然經師」。他將經與注分開，勘正脫誤二百餘處，再定其句讀，疏其節，錄其要，取其明注，有疑義便以意斷之，剛開始書名為《儀禮鄭注節釋》，後來改名《儀禮鄭注句讀》。原本古奧的文句加以每句作斷，在注釋方面全錄鄭注，並間採賈公彥疏，或是略加己意，行文十分簡要明白。同時將原本不分章節的《儀禮》，在宋朱熹《儀禮經傳通解》的基礎上，更加詳細的加以區分，讓後來的讀者都能便利的閱讀，後來許多人都採用《儀禮鄭注句讀》的斷句分段來做研究，[85] 所以張爾岐也可說是清代禮學研究的先驅者。

張爾岐在明亡之後堅拒薙髮垂辮，奉母遁隱山林，不應科舉，除了因為清君有殺父殺弟之仇外，更憤慨大漢文化淪喪於異族，於是矢志治禮，雖不可施之行事，然戴弁垂紳之間如遇

周文之鬱鬱。[86] 可見張爾岐之治禮，除移風易俗抗拒僧道之外，也可見其踐禮的實際表現。

顧炎武：與張爾岐幾乎同時的尚有顧炎武。顧炎武，初名絳，國變後改名炎武，學者稱亭林先生。有操守、氣節，晚年交結反清志士，堪察山川形勢，清廷徵為博學鴻儒，誓死不就，又薦修明史；亦不往，顧炎武標榜「行己有恥」作為做人方法，認為人格不立，便講求一切學問都是廢話。他最忌諱的是圓滑，最重視的是方嚴，是耿介。認為堯舜所以出乎人者；以其耿介也。同乎流俗，合乎汙世，則不可以入堯舜之道。且對老子「和其光，同其塵」之語，認為似是而非，沒有原則，極為排斥。並解釋所謂的耿介就是非禮勿視、非禮勿聽、非禮勿言、非禮勿動。在他的《文集・與人書九》說：

> 目擊世趨，方知治亂之關必在人心風俗。而所以轉移人心，整頓風俗，則教化紀綱為不可闕矣。[87]

可見顧炎武對於風俗之重視，他所撰的《日知錄》中篇主要就是在勘察各地風俗，以風俗為政論之本，撰述了許多文字批評當時民間承襲自佛道喪葬的經懺、佛戲、宴飲、火葬、風水、停柩不葬等俗禮。他認為佛道喪葬儀式代表佛道的人生觀，如經懺是表示死去的人生前行有惡事，因此需要藉做佛事誦佛經為亡者袪除罪孽，這種在先人死後不思追崇先人之「厚德偉績」，反倒是辱詆先人為罪人，需要誦經超渡「消弭罪孽」的行為，真是不肖子孫莫此為甚，違反儒家慎終追遠的家族情義。

顧炎武治《儀禮》學，雖然他做的只是校勘的工作，但是

對於《儀禮》學的深切期許，很明確地表述在他為張爾岐《儀禮鄭注句讀》的序文中，他說：「禮者，本於人心之節文，以為自治治人之具。是以孔子之聖，猶問禮於老聃」。[88] 顧炎武認為孔子對禮學的重視，更可見於他和他人的答問中，如對兒子伯魚說：「不為學，無以立」，都能見到這位聖人重禮的程度。而王安石變法，罷《儀禮》，不立學官，廢除科舉中的「儀禮房」，從此不試《儀禮》，既然科舉不考，士人當然不再習《儀禮》，致使《儀禮》學衰敗。其次，二陸心學興起，以德行為宗，學者便視一切制度儀文為鄙末之事，不再鑽研。顧炎武看到了是這兩種原因，而讓「三禮」之學逐漸衰敗，因而極力倡導「三禮」，希望能以禮自治，以禮治人，恢復儒家禮治的儀節制度，以改善當時的頹弊風俗。他鼓勵當時學者研究《儀禮》，甚至呼籲統治階層將《儀禮》納入學官，恢復科舉之「儀禮房」，以利祿誘使士子學禮。顧炎武在關中論學曰：「諸君，關學之餘也。橫渠、藍田之教，以禮為先，孔子嘗言：博我以文，約之以禮」。[89] 他認為君子為學，舍禮何由？唯有靠禮義威儀才能移風易俗，導社會以正道。顧炎武「以禮存心」的思想，正是目睹清初世風人心之澆漓，為力矯其弊而提出的，他以「教化紀綱」為禮之重心加以具體闡發，致力於轉移人心，救正風俗，為後世學術路向奠定了「以理代禮」，「禮學即理學」的學術思潮醞釀。

毛奇齡：學者稱西河先生。清兵入關後曾參與南明魯王軍事，魯王敗後，化名王彥，亡命江湖十餘年。康熙十八年（1679）舉博學鴻儒，授翰林院檢討，參與修《明史》。對於禮學之研究，毛奇齡致力於治婚、冠、喪、祭四禮，他對於學制、廟制、宗法、明堂都有專注。[90] 毛奇齡視禮為終生職

志，他說：

> 少時與先仲兄相訂，纂喪祭三禮以正末俗。⋯⋯先輯
> 《祭禮通俗譜》藉以問世。⋯⋯王朝典制，非所當預，
> 惟是民間瘞埋狃於沿習，有與古禮今制並相悖者，子不
> 云乎：吾學禮，今方用之。則但從先古所傳與習俗所
> 誤，而較論其間，是亦夫子吾說之遺意也。[91]

從以上這段話中可見關懷社會禮俗的問題甚早，是在他年少時，認為欲端正風俗，就得先考辨古禮，其次才是衡量今制，這種積極的經世態度，正可說明明清禮學轉向考證的用心。其次可見清初滿漢文化禮儀互相排斥卻又不得不互融的問題。康熙二十年，仁孝、孝昭兩皇后亡，依禮皇后喪葬應屬王朝典制，但是，滿人以異族入主中原，本有滿族禮儀，卻又心嚮漢族文化禮儀，因此殯葬之儀在當時成為極敏感的問題。毛奇齡雖言「不敢有所論說」，可見他是在權衡時勢之後，捨棄了對王朝典制的議論，而專注於社會禮俗。

毛奇齡眼見清儒禮學雖昌，卻罕言《周禮》，而專注於冠、婚、喪、祭、葬、鄉飲、鄉射等，於是主張彰顯清代士大夫的職志，所謂「石渠之議禮，則其職也」。之後治禮、議禮成為清代學術主流，這應當是毛奇齡大聲疾呼首開先河之功，他說：

> 民間瘞埋狃於沿習，有與古禮今制並相悖者。子不云
> 乎：吾學周禮，今方用之，則但從先古所傳與習俗所
> 誤，而較論其間，是亦夫子吾說之遺意也。[92]

足見毛奇齡考辨禮制的目的在端正民間禮俗，重整秩序。

萬斯同：字季野，號石園。黃宗羲弟子，清初浙東學派的代表人物。博通諸史，尤精明史，以明遺民自居，絕不仕清。清康熙十八年（1679），《明史》總裁官大學士徐元文薦他入史館，在父師囑託之下，攜書十萬卷入京，不受俸，不署銜，以「布衣」身分參修明史。《明史稿》五百卷，由他手定。卒於明史館，歸葬奉化市蓴湖鎮鄔陽觀山南麓，墓上有「班馬三椽筆，乾坤一布衣」對聯。

萬斯同是黃宗羲弟子，因此承襲治經兼言禮制的師風，撰有《群書疑辨》，論喪葬禮儀，反對立神主、三年之喪、葬用明器等陋俗，並主張改革古禮，強調「禮由情起，人情之所不能已者，先王勿禁」。[93] 萬斯同的禮學著作主要的有《讀禮通考》、《群書疑辨》、《講經口授》、《廟制圖考》，其中《廟制圖考》論帝王宗廟之制，縱貫經史，折衷鄭玄七廟、[94] 王肅四廟之說，[95] 上溯秦漢，下至元明，凡廟制沿革，皆為之圖，為前人所未發矣，雖大旨宗王黜鄭，固守一隅，然通貫古今，有條有理，不可謂非通經之學也。萬斯同的禮學研究，不僅在方法上已撇開經傳混言的形式，主張經、傳分言，同時也涉及圖像、方位、器物製作，更深入到喪服禮意尊親等等問題，這算是開雍正、乾隆以降禮學研究之先河。

萬斯大：萬斯同之兄。專長於《三禮》，其讀書大旨，以為非通諸經不能通一經，非以經釋經則無由悟傳之失。多以禮釋者，用其所長，猶康成之用《禮》注《易》箋《詩》，唾棄宋人憑理妄說的作法，於《儀禮》則有《商榷》三卷，於《禮記》則有《偶箋》三卷，於《周官》則有《辨非》二卷；類能取甲乙之證據，剖前人之聚訟；而總義則有《學禮質疑》二

卷，考辨禮制。

　　萬氏兄弟幼時即觀禮於郡庠，由於對鄉飲酒禮很熟悉，因此致力於禮學之研究，尤其對於喪服的考證，首先提出「承重之喪，皆從夫服」與「庶子為其生母之党，服與適子為其母黨服同」等觀念，這是先儒所未發，他們之所以對於這些與人民日常生活有關的儀節特別重視，可見其對移風易俗的期待。

　　禮學的撰修，若言其「官」與「私」之別，可從立場上做簡單的劃分，「私學」常帶有較明顯的「修身」、「教化」等學術、教育的目的；而「官學」所賦予的是「經世致用」、「整齊學術」等政治作用。[96]

　　「私家禮學」常注重漢唐注疏，一般而言是不納入國家正規學校的制度之內，而是由私人或私人團體來主持、經營、管理、注疏，清初私家之禮學首先可由當時隱而不仕的遺賢，如張爾岐、萬斯大等，他們的私家撰述所開啟的禮學特色和性質而展開，注重實事求是，立場明確，家禮的編撰著作中以朱熹的《朱子家禮》影響最大。「官家禮學」卻以元人經注為依憑，而元人經注又主要以敖繼公的《儀禮集說》為主，在編纂、體例、內容上，均有求其全備的地方。

　　清代禮學研究發達，且由私人著作逐漸轉向由官家出面纂修。《四庫全書總目提要》云：

　　　　三禮之學，至宋而微，至明殆絕。《儀禮》尤世所罕習，幾以為故紙而去之。……蓋《周禮》猶可談王談霸，《禮記》猶可言敬言誠。《儀禮》則全為度數節文，非空談所可敷衍，故講學家必而不道也。

由本段敘述可知，《儀禮》之學在宋、元之時，就已逐漸衰微，雖仍有學者研究，並有著作流傳，[97] 亦有相當水準。但到了明代，研究《儀禮》的成果更少，[98] 評價亦不甚高。[99] 影響所及，儀禮學研究可說是沉寂的，一直到清代才逐漸復興起來。

二、《三禮》考據風盛

康熙十二年，聖祖下詔薦舉山林隱逸；十八年，開博學鴻儒科，諭令中外官員推舉所知學行兼優、文詞卓絕的人才，入仕翰林院編修明史。聖祖既以提倡文學，尊崇儒學為職志，又欲博採群書，兼統一天下之言論與思想。另一方面，聖祖表彰程朱，強調尊君大一統，以求箝制漢人反抗思想。故編修之書籍包括《康熙字典》、《古今圖書集成》、《性理精義》、《朱子全書》等，企圖以種種較溫和的方法，籠絡明末遺臣及知識分子。由於開館修明史，儒生大量接觸原始的典制，尤其是王朝典章制度與禮樂刑政，因此使得清初的禮學研究，由原本關注移風易俗的「四禮學」轉移到「王朝典制」。

徐乾學：是康熙年間幕府，丁內艱歸，守喪期間想撰寫喪禮考證之書，批評近世喪禮流失；然而又不諳經學，於是只好延請當時精於三禮的萬斯同至家助修喪禮，完成《讀禮通考》一百二十卷。寖以成俗，舊典棄而不講，乃搜討古今喪紀因革興廢之由，分別部居，先經史，後群籍，而以近代通儒碩學之議論附之，並加按語，折衷諸說，被稱為「摭采之博，而擇之也精；考據之詳，而執之有要，為天壤間必不可少之書。」[100] 他的好友韓菼（1637～1704）曾道出當時禮經之學荒廢之情

形：

> 近世闕不講學，士大夫罕能舉其物，本根不立，為人道
> 禍，乃輯比自古以來及於晚近梲文戚敬之宜，經以三
> 禮，緯以史，本於王朝達於野，始於皐復訖於徐，僅於
> 大經祥其曲，守其故常通其變，為《讀禮通考》一書。
> 101

可知喪葬之禮是人道之根本，慎終追遠，民德歸厚，然而在明
清之際的士大夫，卻連梲文戚敬之儀也茫然不知，更遑論禮
經，以徐乾學的家學，竟致對喪葬之禮不能舉其器物，不能明
其儀式，則當時學界對禮典儀文之茫然，顯然可知，因此，當
時禮學家便將由原本關注移風易俗的「四禮學」轉移到「王朝
典制」上。

李塨：字剛主，別號恕穀。少年時代即受教於習齋，習六
藝之學，並模仿習齋作日譜（日記），記載所學心得及言行得
失之處，非常認真。習齋的一言一行，影響他的一生；習齋的
學問，也因他而得以廣播流傳。因此，後代的學者，談顏必談
李，研究李必想到顏，並稱為顏李學派。

李塨淵博學識，一方面固得自家訓，但主要的是承受了顏
習齋的衣缽，發揚而光大之。主張知與行並進，但仔細察考他
的觀念，仍偏重「行」的方面，認為「習行」乃是治學的根本
方法。他更進一步解釋格物之「物」應以周禮「三物」為內
容，即所謂「六德」、「六行」及「六藝」，他說：「蓋六德即
仁義禮智也；六行即子臣弟友也；六藝即禮樂兵農也。」李塨
與王復禮、毛奇齡、姚際恆等皆有所交遊，得知考證學之博辨

精湛，幾經思忖，遂轉入考據，甚而拜毛奇齡為師學樂，開始
禮樂的考據，著作了李氏《學樂錄》二卷。

　　李塨由於主張實用之學，被梁啟超稱為「實踐主義派」，
因此於禮學方面也強調從「習禮」而轉入「考禮」。他說：

> 吾人行習六藝，必考古準今。禮殘缺樂，當考古而準以
> 今者也。射御書有其彷彿，宜準今而稽之古者也。數本
> 於古，而可參以近日西洋諸法者也。且禮之冠昏喪祭，
> 非學習不能熟其儀，非考訂不能得其儀之當，二者兼用
> 者也。[102]

李塨看到當時禮樂殘缺的情形，因此決意要從以往大家所重視
的習禮層面，轉而研究考證禮學，尤其是「宗廟」、「郊社」、
「朝會」等古代重要的祭禮，他認為若不經過考證，釐清細
節，就隨俗習之，自我定禮，這是對禮的傳承中對大的傷害。
因此，他認為應當要「矧古今之不同」。李塨對於禮學的考證
論述，最值得注意的是「國朝大典」，包括「宗廟」、「郊
社」、「朝會」等，並著有〈郊社考辨〉、〈禘祫考辨〉。李塨
對於禮學的貢獻，是他開始注意到風俗之外的立國禮儀典章。

　　滿清以異族入主中原，為說明其統治權的正當性，於康熙
三十八年定「北郊之祀」，[103] 將行祭天地之禮，以告神明、示
百姓，宣諭大清帝國為奉天命承皇權之事實，為此，康熙皇帝
致力於制禮作樂，更因廟制的方向與配享之位次等問題，引發
禮臣間的爭辯，這種種正說明清儒考禮已從移風易俗的需求，
轉向國朝典制大禮的探原。

　　惠棟：從研究古文字入手，重視聲韻訓詁，以求經義中的

意義，尊信和固守漢代學者對經學的解釋，主張在研究故訓中解釋義理，再進一步理解古代經籍中的思想內容和熟悉古代典章制度。[104] 他著《明堂大道錄》，自詡是弄清了長期沒有弄清的古代明堂制度之真面目，「明堂」是天子布政之宮（參見附圖1-2），[105] 惠棟認為聖王「贊天地之化育」的最重要途徑是施行「明堂制度」，而明堂為天子之太廟、禘祭、宗祀、朝覲、耕籍養老、尊賢、鄉射、獻俘、治曆、望氣、告朔、行政皆行於其中，故為大教之宮，……創始於神農之制……始於盡性、終於盡人性、盡物性、贊化育而成既濟者也。[106]

「明堂」是太廟，是祭天地、先祖之地，又是朝覲之處，是養三老五更之所在，也是舉行尊賢、射禮的地方，獻俘、治曆、望氣、告朔都在此，惠棟希望透過明堂這種行政制度把儒家的天道和人道、神權結合起來，表面上是天子掌一國之行政，實際上則是兼天地人三才，利用神道控制君權。他在〈禘說敘首〉說：

> 禘者，禘其祖之所自出，皆天子配天之典。自明堂之法不明，後人止據《春秋》諸侯之禘，謂禘在太廟。……其誤在推諸侯之禮而致於天下，以禘在太廟，不在明堂。[107]

禘郊之說，鄭玄與王肅向有爭議，從這段序文可見惠棟對於歷來的異議，有所責難，認為對於明堂的解釋，各有所為，排詆先儒，並及六經，無一人之說是正確的，因此他著錄《明堂大道錄》，詳加考證明堂的正確原意，從這一層禮制的轉折意義中，更可以看出清初知識界關懷的不只是禮俗，也不只是立國

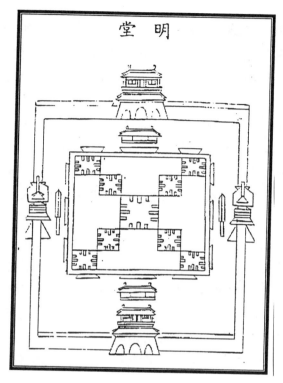

附圖 1-2：明堂圖。

典制，更注意到禮制與君權的制衡，這一種轉變影響到後來的禮學家治禮時的關注方向。

　　江永：江永務實的說聖人制禮以教人，對統治者而言，班朝、治軍、蒞官、行法，若無禮儀，則威武不行。他在《朝通補遺》中對於朝制分明路門內而君臣於此議政事一事，有詳細的考訂，駁斥朱熹之說。[108] 至於宦學師事，非禮不親，至於與天下人交往，則更是「道德仁義，非禮不成，教訓正俗，非禮不備。」因為道與德人所同由，人所同得，仁義是人我相交之理，若無「禮儀」以行踐之，則全屬虛宕。這些禮包括：

「家居之禮、學禮、鄉禮、射禮、飲食禮、相見禮」等等。[109]
江永深感禮樂得以安上治民，慨嘆朱熹晚年修禮之志未竟。故
依朱熹體例續成《禮書綱目》八十八卷，於序文中說：

> 禮樂全書廢缺久矣，今其存者惟《儀禮》十七篇，乃禮
> 之本經，所謂：「周監二代，鬱鬱乎文者，此其儀法度
> 數之略也。」……朱子之書修於晚歲，前後體例亦頗不
> 一，王朝禮編自眾人手，節目闊疏，且未入疏義。[110]

鑑於此，江永從《周官・大宗伯》「吉、凶、賓、軍、嘉」五
禮舊次及曲禮、通禮、樂分禮為八門，這是江永著述最大者。
[111] 書中除了闡發經義之外，也解釋名物制度，威儀細節，較
朱熹之著為精詳，而《禮書綱目》的體例，更成為秦黃兩家所
本。此外，他又著手寫《儀禮經傳通解》，其書未成，黃榦續
之，猶有闕漏；乃以為次，廣摭博考，使三代禮儀之盛著然可
觀。[112] 其影響所及，弟子戴震、程瑤田、金榜等皆是乾嘉禮
學大家。

汪紱：著書十餘萬言，自是凡有述作，息神莊坐，振筆直
書，博極兩漢六朝諸儒疏義。六經皆有成書，下遺樂律、天
文。輿地、陳法、術數，無不究暢，卓然可傳於世。關於禮學
著作有《禮記章句》十卷，《或問》四卷，《參讀禮志疑》二
卷，汪紱著書博，而用功專，不求人知，而功愈嚴焉。蓋其學
體勘精密，貫徹內外，毫釐必析，由不欺以至於至誠，偶設一
喻，能使盲者察、愚者明。[113]

汪紱認為禮樂的功能是治身、為國，禮的基礎是仁與義，
尤其強調禮分禮儀與禮意，若內心無此誠敬仁愛之心，則外在

的任何儀文都是末節。而考禮者的用心是情深服古之儒，志在踐履先王，以求陶淑其身心，以昭周孔之訓。汪紱的禮學基本上是繼承朱熹而來，但他對《大學》、《中庸》的興趣已轉淡，繼而關注冠昏、喪、祭、鄉射、燕飲諸篇，尤其特別重視禮的節目，他甚至批評朱子《儀禮經傳通解》雖是尊《儀禮》為經，但卻未專治《儀禮》，而混雜了經、記，無法獨立凸顯出《儀禮》為經的意義。而他所著的《禮記章句》，以「章句」方法，專治一禮，別於朱熹「經傳通解」，這一種著述體例的轉變，甚至影響到乾隆以後的禮學研究方法。

毛奇齡：毛奇齡受制於時勢，因此不得不避開滿族內庭的禮制，然而對於國朝典制他仍是毫無忌諱的博辨縱橫，獨斷是非，於任明史館編修時對明代嘉靖大禮提出巨辯。他主張繼統與尊親並立，禮制上的「廟統」與「世統」並存。毛奇齡分辨「廟統」與「世統」，說：

> 蓋禮有世統，有廟統。世統者，生倫之序也。廟統者，即人君歷數相授之次第也。[114]

所謂「廟統」也就是帝統，「生為帝統，死為廟統」，是帝王依其為帝之先後於身歿後，入享太廟時所居太廟之位次，也稱作「廟次」。而「世統」則是依血緣之生倫次序而訂定之世次，這和一般家族上的生倫排序相同，只不過世統有政治身分，為帝系專屬，一般家族只是單純的血緣身分。對於皇統而言，這兩者同時並存，卻又互不干涉。然而其中的自我定位及對方之分界如何劃分，就有賴於「禮制」來界定。世統是生倫之次，廟統是入廟之次，先入太廟者為「昭」，相當於父，後

入廟者為穆，相當於子，但是昭穆在名義上雖然是父子，和世系之倫序全然無關，絕不可相混。毛奇齡辨廟次稱位之用意，即在擺脫生倫次第，另立政治身分之次第。

　　毛奇齡也對宋明大禮議的稱謂提出辨定，他說：

> 父死稱考，母死稱妣，此其孝子不忍斥其親之詞，即群
> 臣百姓亦曰厥考，生曰父，死曰考，是人子孝親尊親之
> 稱詞，未聞可變易者。[115]

明世宗的大禮議，在毛奇齡的澄清下，確實為入繼主的雙重身分作一釐清。他的大禮議之辯，在清初獲得極大的迴響，居學術辯論的先聲，乾嘉學者多有承毛奇齡之論，而加以展伸者，足見清儒究經史，用心之處。

　　而清代對於《儀禮》學的重視，更是前所未有，《儀禮》所述禮制雖成於周代，其發展淵源可上溯至夏商，乃至遠古先民時代。如冠禮與氏族社會成丁禮有密切聯繫，鄉飲酒禮由氏族時代鄉人共食議事儀式演化而來，《儀禮》所載主要為禮之形式、儀節，這些內容往往敘述得越具體、越詳細，就越難實行。《儀禮》中繁瑣的儀節，在歷史發展中不斷變化更新，朱熹就說：「禮有經有變，經者常也，變者常之變也。」[116]也因為如此，《儀禮》在各個不同朝代便有所改易，基本上《儀禮》被視為內容都是「儀文節式」、「鋪敘儀文而已」。[117]

　　歷代對於禮學的研究往往偏於《禮記》，漢武帝立五經博士，其禮經《士禮》十七篇，即流傳至今之《儀禮》。之後馬融曾為〈喪服〉一篇作注，至鄭玄才是第一位為《儀禮》全書作注的人。北宋王安石改革科舉制度，廢除《儀禮》科，故

《儀禮》之學受到冷落，元、明兩代理學研究成果不多，僅敖繼公注〈儀禮集說〉十七卷，算是較有創見的。而至清代禮學研究興盛，《儀禮》之學再度興起，以往被視為不屬於「經」，只是「儀」的《儀禮》，再度受到儒者青睞。

　　清初《儀禮》學漸起，但由於可資校對資料寥寥無幾，加以《儀禮》文字簡奧，在先秦著作中獨樹一格，內容方面既非記載事蹟，也非言語敘述，通篇全是鋪敘儀文，文字極為簡要，常以一字、二字賅括多義，若不能貫穿章法，掌握前後變化，義取互見，則無法卒讀，對學者研究起來倍感艱辛。原本古奧的文句加以每句作斷，在注釋方面全錄鄭注，並間採賈公彥疏，或是略加己意，行文十分簡要明白。同時將原本不分章節的《儀禮》，在宋朱熹《儀禮經傳通解》的基礎上，更加詳細的加以區分，讓後來的讀者都能便利的閱讀，後來許多人都採用《儀禮鄭注句讀》的斷句分段來做研究。

　　據羅振玉在《本朝學術源流概略》中所言，《儀禮》之學自宋、元以來傳習甚少，而到了明代，更是以習《禮記》為主，對此顧炎武即有「廢經習傳」之嘆，[118] 所以羅振玉則認為《儀禮》之學是自乾隆中欽定《三禮義疏》後才復興的，從筆者所收集到的資料中，乾隆將《儀禮》雋刻於石，足見其受重視之況（參見附圖1-3、1-4）。[119]

　　由於清儒治學勤於考證，從經書文字的校勘、輯佚，到釐清經、傳、記、注，分章句、明訓詁，再到一名一物之考釋，節次之劃分，儀文度數之釐清，宮室、服飾之繪圖、製表，再到釋例、正義，終至通論著作之出現，終於成績斐然，使古代禮制粲然重現。[120]

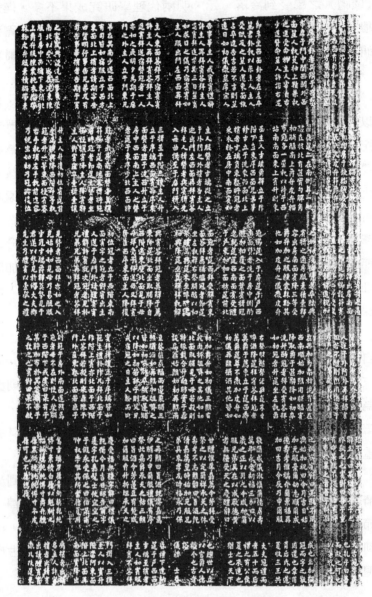

附圖 1-3：乾隆石經《儀禮》陽身碑。

附圖 1-4：乾隆石經《儀禮》陰身碑。

三、「男女別嫌」牢籠之鬆動

　　中國古代社會講求「男女別嫌」，實質內容則是「男尊女卑」，對女子來說，她需承受夫權的壓迫，這是一種來自性別的壓迫，時間上可遠溯自原始的父系社會。在周朝封建崩潰後，任何階層皆得以流動，自由改變地位，唯獨女子卻始終處於最低層。表面上看來，古人十分重視婚姻，奉之為「禮之本」，強調恭敬、鄭重，慎之又慎，即使國君也得親自去娶親，然而這並不能掩蓋女子的悲慘命運，透過繁瑣隆重的婚

禮，讓人看到的是連絡宗族勢力、生育子女、交易錢財的背後，女性被壓榨的事實。試從《禮記》中的一段話便可知：

> 出乎大門而先，男帥女，女從男，夫婦之義由此始也。
> 婦人，從人者也，幼從父兄，嫁從夫，夫死從子。[121]

自從女子走出女家的大門，男的在前，女人只能隨後，從此便是「夫唱婦隨」的開始了，而「婦人」，就是「附從於人」，幼年附從於父兄，出嫁附從於丈夫，丈夫死了，便附從於兒子，這樣的枷鎖禁錮了中國女性數千年。

另一個不平等的是「一夫多妻」，一個男子可以同時娶許多女子為妻，只有一個是正妻，餘者皆為「妾」，妾的數目，依主人的地位而定，皇帝是最高等，除了妻妾外更可納入成千上萬的宮女。民間的妾身分低微，既要服從男主人又須服從女主人，所受的壓迫極其悲慘。清儒開始注意女性的社會地位，他們試圖從古禮的角度尋找一條能幫助婦女減輕禮教束縛的道路。

宋明由於理學家重視傳統禮教，貞節觀的要求、三寸金蓮的流行、以及後來「女子無才便是德」觀念普及化，導致女權的大幅倒退。而其中又以北宋程頤與南宋朱熹為代表。程頤在北宋時，便說出「餓死事極小，失節事極大」！[122]同時又說「妻不賢，出之何害？如子思亦嘗出妻……古人不如此，妻有不善，便當出也」。[123]但在當時並未引起社會廣大重視，人們改嫁或再嫁的風氣仍舊十分普遍。南宋朱熹之後，社會風氣丕變，社會對女子的要求開始轉趨保守，尤其是對貞節的要求也開始嚴苛。

　　除了學者倡導貞節觀以外，法律也對此予以強制規定。自此後，女子的地位可以說是日趨下滑，且活動範圍亦被侷限於閨房中，「大門不出，二門不邁」即為當時女子的生活寫照。至明朝，封建禮教的思想，已根深蒂固在人民的腦海中無法拔除。這不但使得當時的婦女嚴重的失去社會地位。纏足的盛行，更造成當時許多的女子退出勞動階層，從此隱於深閨中，毫無地位可言。當時的女子既以家庭為生活重心，其所受之教育內容，自然也以家庭傳統道德教育為主。尤其是貞節觀，在當時相當受到重視，「餓死事小，失節事大」之語在當時幾乎成為女子的座右銘，經過宋、元、明三代的洗禮後，至清朝，女子貞節觀不僅變得扭曲，而且十分不合情理。

　　因此，清儒否定理學存天理、滅人欲的道德說教，主張人性自由，是清前期倫理觀念變革的核心內容。清學大師戴震憤怒譴責理學「以理殺人」，他指出：合理的學術，合理的社會，合理的政治，有一個基本原則，那就是尊重人的欲望，想方設法滿足人的欲望，故他提出了以「遂欲、達情」為核心的倫理主張。其他尚有多位儒者也對傳統禮教，提出質疑，敘述如下：

　　袁枚：字子才，號簡齋，別號隨園老人，浙江錢塘人。他是清前期最傑出的反傳統思想家。袁枚思想最核心的內容就是反對禮教束縛，主張人性自由。在袁枚看來，情是人的天性，是自然而且必然的存在，脫離人情談性，脫離人情談理，都違背了聖賢學問的本意。值得重視的是，袁枚對情、對欲的重視，具有強烈的現實性。他敢於反對舊傳統思想，尤其於傳統禮教上，有多項創見：

　　其一，男女為真情之本源，反對絕欲節情，認為生異於

死，人異於木石，就在於有情有欲，提出「人欲當處，即是天理」，痛批宋儒的絕欲論，也反對佛教的無理，反對佛教絕情節欲，堅持情欲主意，以為至性出於至情。

其二，嚴別男女會造成淫亂，袁枚要求打破男女界限，反對獨宿，認為使人終日接近異性，就會淡化兩性差別，否則反會弄到聞香破戒，逢花必折的地步。他更進一步指出，如對男女之間處處加以防範，使之異性相遠，反而導致閨門黯室發生，這便是一種淫亂。

其三，打破處女觀念，袁枚認為，男女之間沒有必要要求對方守貞操，如果女子要貞操，則男子也要貞操，這才是雙方平等。

其四，反對天子多妻制，袁枚強烈譴責中國歷代封建統治者多皇妃，擁有大量宮女，殘酷迫害婦女身心健康的罪行，更進一步揭露儒家禮教讚美天子，掩蓋其醜行的嘴臉，不覺失笑道：

> 夫食色，性也。而天子亦人也，一食而二百四十味，九夕而八十一女，一冠而二百四十玉物，甯有是哉？甯有是哉？[124]

自古以來，民間婦女被選入宮，無異等於進入人間地獄，從此被剝奪享有男女之間真情之愛和家庭歡樂的權利，變相「守寡」終生，袁枚大聲疾呼其不合理，也不合禮之處。

其五，真妓勝偽儒，袁枚對被道學家視為傷風敗俗的娼妓，尤其是不幸淪為娼妓之良家婦女深感不平，給予她們深切的同情，且強烈譴責那些迫害婦女為娼的偽道者，入木三分地

指出，世之有娼妓猶世之以僧道，真妓勝偽儒。他揭露了娼妓產生的社會歷史原因，認為娼妓的產生是由於無恆產，婦女經濟地位低下的後果，因此把娼妓比之於僧道，說「娼妓以色誘人，僧道以禍福惑人」，為在封建經濟、政治和男尊女卑意識下產生的娼妓，深深叫屈，為天下受迫害的女子盡吐胸中的積怨。

其六，無後非不孝。孝，向來是儒家禮教不可分割的一個重要內容，然對於合乎人道的孝，例如繼承先人的優秀品德，尊重老人等等，都是合理的。袁枚對於「不孝有三，無後為大」一語，認為他生平以學術事業為重，宗我學者，傳我文者皆我族黨，就一個文化人來說，著書立說要比傳宗接代重要得多，只要有不朽之作傳後，凡讀他文章和崇拜他學術事業的，均可視之為他的子孫後裔，這豈是那種狹隘宗族偏見所能取代的。

其七，反對殺人以全忠孝，古代的一切舊道德，常須有代價才能取得，若以犧牲自身利益而獲得忠孝之名，性雖愚猶有可言，至於「一將功成萬骨枯」，以殺害無辜以成全自己的忠，或以妻兒為犧牲品以成全自己之孝者，不僅不足取，且禽獸不如也。袁枚堅決反對以犧牲他人而成的忠孝，給當時的舊禮教以一當頭棒喝。袁枚努力將自己的學術思想和清朝統治實際結合起來，從尊重人情的角度出發，凡事均應以適情、達情為準則，而不可悖乎人情。

汪中：字容甫，乾隆四十二年（1777）貢生，後絕意於仕進。汪中出身孤苦，幼年無力求學，由寡母啟蒙。他稟性耿直，嫉惡如仇，尤其能不囿時俗，諷諭權貴，對封建禮教和傳統思想敢於立異說，標新論，因此被當世視為狂徒，使他受到種種冷遇和迫害。汪中一生坎坷，懷才不遇，他只得依靠當幕

僚和賣文為生，私淑顧炎武，為經世致用之學，在哲學、史學、文學方面都有一定成就。所作駢文，在清代駢文中被譽為格調最高，表現出一個具有正義感的士人對封建禮教的強烈憤慨。

明清之際，世俗社會往往將女子許嫁與成婚相提並論，未婚女子在從一而終的教條束縛下，婿死從死的現象經常發生，汪中認為女子許嫁，若丈夫不善，應仍有改嫁之自由，至於未婚而夫死，女子從死更為非禮，他說：

> 女事夫，猶臣事君也，仇牧苟息，君亡與亡，忠之盛也，其君苟正命而終於請寢，雖近臣獨不必死也。[125]

汪中對於那些因受制於極端禮教而遭遇不幸的婦女，充滿了遺憾與同情，他舉袁枚之妹一事，深嘆她是「愚者」，本不知禮，而自謂守禮，而殞其生，真是哀也。

此外，儘管汪中主張給予未婚女子以改嫁自由，但對已成婚者，他還是主張從一而終，以傳統的貞節觀念，積極給予表揚。不過，有感於自己寡母的不幸遭遇，汪中對矢志守節者充滿同情心，力主透過政府運作的途徑，興辦公益事業，建立起能夠保障婦女基本生活的福利機構，從經濟上為寡婦其及其子女提供基本生活的保障。

至於傳統的孝道，汪中有自己獨到的見解，針對孔子「父在觀其行，父歿觀其志，三年無改於父之道可謂孝矣。」的論斷，汪中提出，改不改父道，關鍵是要看父是否有道，若其非道，雖朝歿而夕可改也，不能以不改父道為孝。這一個觀點，很明顯的突破了傳統禮教的束縛，婦女不再是只能「從」的角

色了，為社會長期流行的愚忠、愚孝增加了明確的是非觀。

戴震：戴震認為堯舜、文王體人之情，遂民之欲故能歸於善，今人截然劃分理欲為二，過分的強調道德之理的超越面，將人本然的饑寒愁怨、飲食男女、常情隱曲之感，都視成人欲而捨棄。將根絕情欲的本然天理存之於心，美其言為天理，硬使得「理」、「欲」割裂對立，威迫人民絕情棄欲。毋庸諱言，這樣攘奪人身本然的權利與自由，「治己以不出於欲為理，治人亦必以不出於欲為理」，最終「言雖美而用之治人則禍其人」。明乎此，戴震有意將「上下」、「尊卑」對立，從社會機制下的倫理規範中透顯，並由此對比世俗階級的不平等。亦是針砭統治者假尊崇朱學，卻用規範意涵施以控制民心，這樣的「特殊用意」顯然被戴震所透視，逼顯階級劃分的不合理，除了抨擊程朱存理去欲的不合理，再重重地揭櫫「尊以理責卑」、「上以理責下」的宰製本質，在道德與政治互為牽制的詭譎時代下進行控訴，而這正是戴震孟學攻詰之所向。毋庸置疑，戴震在表彰程朱、大興文字獄的威嚇時代下，卻仍不懼權勢威迫，勇於批判程朱，抨擊上位罪愆，這般知識分子的自覺，不但發揮繼承孟子思想的民主精神，更進一步展現戴震對社會關懷參與性的卓識。

從袁枚、戴震等反傳統思想家登高一呼，應者雲集，反禮教聲震四方。像戴震對理學的批判，開啟了知識界批駁程朱之風氣，至於袁枚的思想學說，在社會上（特別是在士林和婦女階層）影響更大。另一方面，也對人的基本權利投以深切關注，清代中國知識菁英們憤怒聲討理學以理殺人，鼓吹「達情、遂欲」主張為政便民、利民，反對政府和百姓爭利，實際上是將人的基本權益作為自己研究的出發點，企圖通過自己對

人性、人情的闡發，尋找到一條維護人的基本尊嚴之路。[126]汪中、袁枚倡導反禮教，也將這一個議題拋了出來，給儒者另一層省思的方向[127]。

錢大昕：錢大昕（1728～1804），字曉征，又字辛楣，號竹汀，江蘇嘉定人。博極群書，不專治一經，而無經不通；不專攻一藝，而無藝不習。凡經史文義、音韻、訓詁、歷代典章制度、官職、氏族、地理、金石、遼金國語，以及中西曆算之法，莫不洞悉其是非。

錢大昕譴責封建禮教對婦女的殘害，清代統治者，一直著意提倡、宣揚貞節，對這種殘害婦女的所謂貞節，錢大昕提出了異議。他認為婦女守節根本是違背仁義道德，廣大婦女被迫做節婦烈女，並非她們本願，古之稱婦德者，曰德、言、容、紅，而節義不與焉。不得已而以節義稱，非女子之所樂聞也。他還認為，夫妻是「人合」，父子兄弟是「天合」，「天合」無可變更而「人合」是可以改變的，婦女改嫁，不謂之失節。他對在禮教束縛下飽受殘害的婦女寄予了極大的同情。

他明確表示自己不同意宋儒「天即理」之說，認為「理出於天則可，天即理則不可」，反對將以鼓吹禮教為核心的「宋儒之理」神祕化、神聖化。[128]錢大昕正視婦女在社會中遭受的不公平待遇，主張如果婦女遭非人待遇，就應享有「離異」的權力。再者主張公正的對待各種家庭糾紛，認為家庭矛盾的產生，既可能源於妻子，也可能源於丈夫或舅姑兄弟，不應一概歸罪於為人妻者。最後對於改嫁問題，錢大昕是贊成的，若婦女本無過錯，離異後，出而嫁於鄉里，仍不失為善婦，這一點和傳統禮教中的「從一而終」有明顯的突破。[129]

紀昀：紀昀（1724～1805），字曉嵐，一字春帆，晚年自

號石雲，直隸獻縣人。少而奇穎，讀書過目不忘，夜坐暗室
內，二目燦燦如電光，不燭而能見物，比知識漸開，光即斂
矣。年二十四，乾隆丁卯科解元，甲戌成進士，命為四庫全書
館總纂官。於書無所不通，尤深漢《易》，力闢圖書之謬，
《四庫全書提要》簡明目錄，皆出公手。大而經史子集，以及
醫卜詞曲之類，其評論抉奧闡幽，詞明理正，識力在王仲寶、
阮孝緒之上，可謂通儒矣。

　　紀昀雖居高位，但思想卻不保守，他對理學，尤其是道學
家所鼓吹的極端禮教，是持尖銳批判態度，他以大膽、直率的
語言，詼諧、機智的文風，揭露道學的偽善，呼喚人性的自
由。[130] 紀昀認為，作為朝廷，誠然應該講教化、講綱常，但
也應該承認人欲、人情存在的合理性，他說：「飲食男女，人
生之大欲存焉」。對於女子改嫁及不貞行為，在紀昀看來，也
應視具體情況區別對待，不可一概責以禮教，反對人們以道學
家的極端心態，處理家庭和婦女問題，尤其反對偽善的態度，
苛求於人，主張建立一種相對寬鬆的社會環境，在這一社會中
人們能享有基本的愛之自由，能以寬容平和的心態對待「兒女
之事」，紀昀以一個高官的身分，鼓吹人性自由，尤其是婦女
的人身自由，相當程度上，引起了社會的反思。

　　對於「男女別嫌」觀念的鬆動，最顯見者，可從當時對於
「叔嫂」服制之探討，叔嫂關係自古受制於「男女授受不親」
之下，於是，嫂逝，叔之喪服便是一嚴謹的問題。喪禮是古代
禮儀組成的重要部分，範圍包括了不同民族、不同地域對於死
者舉行的祭奠禮儀，也包括了人類對於自己的祖先、自然及周
圍事物的景仰與崇拜。因此，喪禮的制定是為了在人情上具備
調節與文飾的功能，而喪服是在埋葬逝者之後，親屬為了表達

對死者的哀悼和思念之情而穿戴的特殊衣帽和服飾，是依據生者與死者關係的親、疏、貴、賤而制定一套非常精密、嚴格的喪葬等級制度，因為具有凝聚親族之間共同感情的目的，所以喪服的設計就更有特定的意義，基本上，喪服是以「情」為主，情有深淺厚薄，所以人有親疏遠近，禮有輕重多少。情感深厚的，當然是近親，喪服也就比較重，情感淺的，也就是遠親，喪服就比較輕些，所以喪服是衡量感情的深淺厚薄而訂定的一套禮文制度。

儒家視貴賤、親疏、男女之別，為樹立倫理社會秩序的重要原則，清儒對於喪服制度的辯論，有某些程度上是對「男女別嫌」觀念的質疑，特別是「叔嫂」間的喪服。先從《釋名》來看：「嫂」，叟也，叟，老者稱也。叟，縮也，人及物老皆縮小於舊也。「叔」，少也，幼者稱也。以此解釋叔嫂，長幼之別和男女之別一目瞭然，他們之間所遵循的禮節正是圍繞著這個區別來進行。從《儀禮》十七篇中，並無任何文字討論到叔嫂服制的問題，而在〈喪服〉中曰：

> 傳曰：何以大功也？從服也。夫之昆弟，何以無服也？其夫屬乎父道者，皆妻母道。其夫屬乎子道者，夫皆婦道也。謂弟之妻，婦者，是嫂亦可謂之母乎？故名者，人治之大者也。可無慎乎？[131]

丈夫兄弟之妻與己是同輩，若要稱弟之妻為婦，豈不是也可稱嫂為母？所以「名分」是講究人倫關係中最重要的一件事，因此基本上「嫂叔無服」的議題，實有爭議。而其中的嫂叔之禮又在一定程度上影響著家庭的和睦與安寧。唐代對這一禮節改

為「小功之服」，即服喪五個月。在唐人的實際家庭生活中，嫂叔之間的關係處得較為融洽，甚至逾常禮者也比比皆是，其中最主要的原因就是為了維持家庭的生存。除此之外，嫂叔之間、嫂姑之間的關係在很大程度上影響著一個家庭的安寧與興盛。[132] 所謂「嫂叔不相通」，生而為叔嫂，死卻疏遠的做法是不合理的，也是不近人情的，現實中的叔嫂關係也不僅僅是「無服」就能囊括其全部內容。唐代詩人韓愈三歲就父母雙亡，一直由嫂子撫養，當嫂子去世了，韓愈於是「服期以報」。[133] 韓愈為他嫂子服喪一年。像韓愈這樣事嫂逾常禮的例子在唐代還有很多，他們之間既無骨肉之親，又無尊卑之分，能如此深明大義，毅然地承擔起家庭的重任，實屬難得，因此清儒「嫂叔無服」的辯論就此展開。[134]

顧炎武：在顧炎武的專注《日知錄》中有專卷討論「服制」，對服制中令人困惑難斷、不知所從者，皆為之考辨析疑，對於「嫂叔無服」他說：

> 嫂叔雖不服制，然而曰：「無服而為位者，惟嫂叔」，何也？曰：是制之所抑而情之所不可闕也。然而鄭氏曰：「正言嫂叔，尊嫂也，若兄公與弟之妻則不能也」。[135]

顧炎武認為「名」而言，兄弟與兄弟妻之關係是同輩，以「分」而言，則叔嫂男女宜有分別，尤其是彼此年齡相近，生活相親，更應避嫌。但是，因為考慮到叔嫂同爨共居有恩情之義，所以雖然在制度上嫂叔無服，但在哀其喪亡的事實上，則可以用另一種形式「哭」來表示。

毛奇齡：毛奇齡對於考辨禮制也不遺餘力，對於「「嫂叔」的服制問題，他有專篇〈喪禮吾說篇〉提出「嫂叔不只小功」，他說：

> 古嫂叔無服之說，蒙昧不解。一云推而遠之，所以避嫌。則五服之婦，盡屬異性，而獨以嫂叔為嫌，則偏而不通。一謂嫂屬父道、婦屬子道，娣姒雖同等而輕重不倫。則兄弟尊卑未嘗殊服，而忽以嫂叔低卬為辭，則曲而不達。[136]

毛奇齡反對「異性男女避嫌」的說法，他認為若是異性即當避嫌，那麼五服之中所有女性都是異性，就得全都避嫌，如此一來，何服之有？至於嫂叔尊卑之說，毛奇齡也贊同，因為兄弟雖有尊卑，但無殊服，為何獨有嫂叔要分尊卑，甚至無服，可見「嫂叔無服」根本是春秋以前毫無考據的說法，他主張「有服」，而且「不只小功」，這一點從服制的條例中，應屬於「加服」。[137] 唐太宗貞觀年間曾就疏遠避嫌的嫂叔之禮在進行了修改，唐貞觀十四年，太宗謂侍臣曰：「嫂叔無服，宜集學者詳議」。侍中魏徵等議曰：「嫂叔之無服蓋推而遠之也，或有年長之嫂遇孩童之叔，劬勞鞠養，情若所生，分飢共寒，契闊偕勞，……情義之深淺，寧可同日哉？在其生也，愛之同於骨肉，及其死也，則推而遠之，求之本源，深所未喻。若推而遠之，為是不可生而共居，死同行路，重其生而輕其死，厚其始而薄其終，稱情立文，其義安在，且事嫂見稱，載籍非一……人有作五禮詳洽，一物無遺，詳求厥中申明聖旨，謹按嫂叔舊無服，今請小功五月報」。[138] 據此，嫂叔之服在唐代被改為

「小功之服」，即服喪五個月。毛奇齡為此他列舉晉人曹羲的主
張：

> 敵體可服，不必尊卑。緣情制禮，不必同族。伯叔母無
> 骨肉之親，而亦服期者，以緣尊也。嫂則緣親也。夫妻
> 母異域尚為制服，況嫂叔共在一門之內，同祭先人之
> 祀，有相為奉養之義，而反無服紀，豈不詭哉？……
> 「從兄弟降服一等，當服大功。」然終無定制。[139]

毛奇齡認為，所謂「敵體可服，不必尊卑。緣情制禮，不必同
族」是指地位同等的人可以互相服喪，不必分尊卑，今嫂叔雖
屬敵體，也可以有服制，何況緣情制禮，不必同族，如伯叔母
和自己，並無骨肉之親，亦得服一年之喪，這就是根據「尊
尊」而來的體制。嫂叔不僅同居共爨，而且共祀先人，所以緣
情而言，嫂叔必須有服。誠如前言，唐代所規定的僅是「小功」
五個月，毛奇齡認為不夠，應該是要「從兄弟降一等」，服
「大功」方為是。

　　萬斯同：萬斯同認為周公所定之周禮有不完備之處，因此
他對禮的探討突破了三代，而嘆求三代以後的演變，因此提倡
改革古禮，他認為禮既然大多為周代禮制，既是禮制便會因時
遷移而發生變化，不能泥古，所以主張變革古禮。他把歷代禮
的變革，分為「先王之禮」與「先賢之禮」，所謂「先賢之禮」
指的如司馬光的《書儀》、朱熹的《家禮》，他們對禮都做了改
革。既要改革就要合乎二條原則：一是合乎情，二是合乎義。
古人制禮，未有不本於情也，情由中出，禮自外至。[140] 萬斯
同的禮學詳於喪、祭兩禮，祭禮部分前已列舉，以下就其喪禮

部分作論述。根據《儀禮·喪服·記》中的一段話，「夫之所為兄弟服，妻降一等」，證明「嫂叔無服」。他說：

> 叔嫂無服之說屢見於經，似無可疑矣。乃《儀禮·喪服》篇之〈記〉有「夫之所為兄弟服，妻降一等」之語，則何也？鄭氏於此條無註，賈氏亦不得其解。……噫！從母之類而可稱為兄弟乎？既言兄弟而可索之於兄弟之外乎？……然則，何以解之？曰：此正嫂叔無服之明證也[141]。

《喪服·記》的這一段話，確是難解，而萬斯同卻很明確的認定這是嫂叔無服之明證，因為〈記〉的功能在解經，若依照經之文本來看，古代並無嫂叔之服制，但到了作《儀禮》時，作者深感其不可無服，所以在〈記〉裡說出有服，然經文卻仍保持原貌，是無服的。然而，依禮不表達哀戚是不合情理的，遂用加麻表示哀戚。

萬斯同根據〈記〉證明嫂叔有服，然宜服何服？據〈記〉「夫之所為兄弟服，妻降一等」，依禮而言，夫為兄弟之服是「期」，若妻降一等那便是「大功」，但考查唐以後的律令皆規定是「小功」，這顯然和〈記〉言不合。萬斯同對此解釋說：「然則何以必大功？曰：凡從服例降一等。夫于姑姊妹大功，則妻為之小功，夫于兄弟期，則妻為之大功，此一定之禮也。」[142] 萬斯同堅持妻為夫之兄弟服，應是大功，至於唐代以後的律令，則全是議禮諸儒之誤。[143] 至於《禮記》中說嫂叔無服是因為「推而遠之」以「別男女之嫌」的禮則，他則認為遠嫌之說不可信，而是根據親親之情才對，縱使在倫常秩序

上男女宜避嫌，那也應該在生前而非死後，因此，若以喪服而言，推而遠之、避嫌之說全屬附會不可信。萬斯同的理論提出後，在學界引起重重辯論。

朱軾：朱軾（1665～1736），字若瞻，為清中葉理學名儒，乾隆為皇子時，朱軾曾任其師傅，其學術思想和政治見解，對乾隆皇帝有重要的影響，少數漢族學者顯宦於雍正朝者。和一般理學家不同的是朱軾治學側重於「禮」，時人稱其「湛深經述，由邃於禮。酌古今之宜，期可躬行」。[144] 為學「不言理而言禮」，認為理虛而禮實。

朱軾重視禮學的目的是為了維護傳統倫理秩序，即所謂先王制禮以順仁人孝子之情，而不強其所不能，禮制定，而不肖者亦範圍於其中，而不敢過。彼較量尊卑疏戚之倫，為世爵世祿計者，由禮教之不明也，禮明而此患息矣，朱軾在宣揚禮教的同時，也高度重視政治和諧，尤其關注百姓生計。他曾撰寫專論述嫂叔服制，主張「嫂叔無服」，他說：

> 古者嫂叔無服。唐人定制為小功，於情得矣。然終不得議古人無服之非。〈大傳〉言服術，曰親親曰尊尊，嫂叔異姓，無親親之誼，同列，無尊卑之分，近在家庭，禮別嫌疑，至當不易之論也。[145]

朱軾直接從「服術」入手，服術原則以親親尊尊為要，叔嫂是異姓，自然無親親之誼，又因叔嫂屬同輩，亦無尊卑可言，因此以異姓男女共居一家庭而言，「別嫌」自然就成了嫂叔關係得人倫之「禮」，他更引《禮記》男女授受不親，來證明己見是合古禮的。

　　姚際恆：姚際恆，字立方，一字首源，安徽桐城人，少折節讀書，泛覽百家。年五十，自云向平婚嫁畢而遊五嶽，予婚嫁畢而注九經。遂屏絕人事，閱十四年而書成，名曰《九經通論》。又著《庸言錄》若干卷，雜論經史理學諸子，末附《古今偽書考》，持論雖嚴，足以破惑，學者稱之。所居海峰閣西窗面湖，儲藏古籍善本及書畫金石甚富，鑒賞每不爽分寸。惜《九經通論》遺稿散佚，只《尚書通論辨偽例》十卷，見朱竹垞《經義考》。其考駁為古文當不在潛邱之下。《詩經通論》數稱於方玉潤《詩經原始》，專主廢序，尤為言人所不敢言。今存者惟《古今偽書考》二卷，分經史子三類，共七十種。146

　　有別於萬斯同，姚際恆主張「嫂叔無服」，他以五服為論，從父斬、母衰、祖大功、曾祖小功、高祖緦麻而言，服制的輕重，表現出個人與死者關係的遠近親疏，其中小功服和大功服因屬兄弟輩的喪服，所以稱「兄弟服」，然這並不代表大小功服只適於兄弟，而是兼指其他在五服服制譜系中同等親疏關係的其他人。而妻降一等之服，只限於大小功服，若為更高的服制，妻未必降服，因此，〈記〉中的「兄弟」，並不是指親屬關係，而是指「服制」中的大功小功，這根本就和嫂叔服制無關。姚際恆同樣以《喪服・大功》的「傳」文，「夫之昆弟，何以無服」作解釋。

> 傳曰：何以大功也？從服也。夫之昆弟，何以無服也？其夫屬乎父道者，皆妻母道。其夫屬乎子道者，夫皆婦道也。謂弟之妻，婦者，是嫂亦可謂之母乎？故名者，人治之大者也。可無慎乎？147

鄭玄認為女子嫁人為婦後，其身分地位就無一定，全得靠丈夫的地位而決定，一般而言，稱兄妻為嫂是尊稱，稱弟妻為婦是卑稱，若己以母身分之服服兄弟之妻，而兄弟之妻以舅之服服己，便是將兄弟之妻看成「母」輩，而實際上「嫂」根本不可能等於「母」，反過來說，若嫂以子服服己，是嫂以子視叔，豈不變成自己成為嫂的兒子，怎麼說，都是不通。

　　姚際恆一方面考辨古禮嫂叔無服，一方面也表明唐制中嫂叔互為小功是可接受的。唐代制定《唐律疏議》是讓禮與法律有同等作用，都可以拯風正俗，唐代不少法律是據禮義制定的。對某些法令而言，禮為法之依據，德禮為政教之本，刑罰為政教之用，唐代政治家視禮為政教之一本，刑罰為政教之用。正如孔子所言「道之以政，齊之以刑，民免而無恥。道之以德，齊之以禮，有恥且格」是相同的 [148]。

　　黃式三：黃式三認為，歷代學者往往對經禮和曲禮之意不求甚解，致使禮義不明，禮文紛亂不清。而對於「嫂叔服制」，黃式三亦有專文論及，他從《儀禮》的經文、傳文、記文及《禮記》所有文獻都證明嫂叔無服，至於嫂叔之服何以會在學界引起爭論，他認為萬斯同是始作俑者，由於萬斯同提出「嫂叔有服」後，學界方起爭議，黃式三原則上贊同戴震的看法，「嫂叔之服」的關鍵是在「兄弟」二字，案同父者為昆弟，族親為兄弟，因此向來爭議的「兄弟服」指的是小功以下之親，不是同父的昆弟，如此一來，非但與親兄弟無關，更與嫂叔無關。

　　程瑤田：程瑤田，所撰《通藝錄》十九種、《附錄》七種，凡義理、訓詁、制度、名物、聲律、象數，無所不賅，皆一一援據經史，疏通證明，以規鄭氏之失，成《儀禮喪服足徵

記》。《宗法小記》，《釋宮小記》，《考工創物小記》、《水地小記》，《數度小記》，《聲律小記》，《解字小記》，《釋草釋蟲小記》，《論學外篇》等，亦均根柢經傳，辯論詳確。[149]

　　程瑤田於《儀禮喪服足徵記》中討論嫂叔服制，他從「夫之昆弟，不制從服」論「報服」的概念，他說：

> 報者，同服相為之名。此之服彼也，則彼必報之。彼之服此也，非無因也，則此必報之。事故以期報期，以大小功報爸小功，以緦報緦。無此重彼輕之疏，故謂之報。[150]

就喪服中的「報服」意義而言，是指雙方互服同等的喪服，但這種互服的情形有兩種，一種是直接在經文中寫明是「報」，另一種是寫成「並舉其服」。程瑤田認為妻子為丈夫的昆弟之子服期，對方亦為之服期，這便是「報」；當然這裡所說的「報」，並不可以指子為父斬衰三年，父亦為長子斬衰三年，「報報」之服只適用於「旁親」，這是以血緣為依據的。至於兄弟既是一體，雖和父子之一體不同，但兄弟間的互服，應當稱為「相為服」，而非「報服」，正因為「報服」不適用於昆弟，當然就不可用於嫂叔間，妻子亦無從「從夫服」。

　　程瑤田再從其他經文中分析「嫂叔無服」，《儀禮·喪服》傳曰：「夫之昆弟何以無服也？其夫屬乎父道者，妻皆母道也；其夫屬乎子道者，妻皆婦道也。」[151]從這段經文中，若嫂叔有服，便是僭越了名分與人倫，在禮制上，女子出嫁後，即棄生父之本姓，之後所居身分地位就完全隨丈夫而定，喪服亦然，沒有主動性，也沒有獨立性，完全隨夫而定，既然昆弟

之間無報服，昆弟妻之間也就不須服報服，這便證明妻子對丈
夫昆弟不從服。嫂叔親義關係無法藉由喪服來呈現，但卻引出
了另一個問題，「男女之大防」，這個議題由後來的胡培翬探
討得頗深入。

　　胡培翬：為學淵源於先世，故於《禮經》獨深，以博聞篤
志，閱數十寒暑，成《儀禮正義》四十卷。胡培翬對嫂叔服
制，一方面闡釋「婦人無常秩」，因為「無屬」，所以無服，
「無屬」是指嫂對叔而言，既不屬於母道，也不屬於婦道，故
服制難為。而且嫂與叔的關係，被定制在「序男女之別」，後
人仍是得遵行的。另一方面贊成昆弟之妻與昆弟同屬，故叔難
以母服服嫂，嫂亦難以子服服叔。

　　再就服述中的次序，「親親」為大，是以同姓為依據的，
同姓中再依其宗尋繹其所屬，然後再依尊卑定其身分；至於異
姓則以「名」為首要，這一層關係常是婚姻過繼等原因形成
的，因此，名分確定後，男女之別也就劃分出來了。再來界定
叔嫂的關係，明顯的是「異姓」主名的原則，因此，必須歸入
避嫌之列，也就難以服服了。[152]

　　清儒在經學、史學、文字學、音韻學、目錄學等各個學術
領域，皆重視考據，治學的態度和方法上，繼承了博徵、求實
的學風，為做學問而做學問，致力於古籍的考證、校勘、注
釋、補缺、輯佚等工作上去，反對前朝空疏措大的學風，治學
主張「務實」，以澄清史實，還史書原貌，清儒在考證禮學
時，漸漸地將議題深入擴展到傳統禮秩文化中，舉凡親、義、
別、序、信，落實於父子關係、君臣關係、夫婦關係、朋友關
係、長幼關係等五倫時，是透過典禮、儀文、度數、名物來呈
現，重新思考傳統禮制之合理性，企圖扭轉「男女別嫌」之牢

籠觀念，也正因這樣的考證學風，使得清前中期的禮學呈現另一番新風貌。

注　釋

1　業師張麗珠，《清代義理學新貌》（臺北：里仁，2002），中央研究院張壽安，《以禮代理──淩廷堪與清中葉儒學思想之轉變》（臺北：中研院近史所，1994），二書皆作「淩」。

2　淩廷堪《文集・辨志賦》（北京：中華書局，1998），卷二，頁175。

3　《文集・寧國淩氏宗譜序》，卷二十七，頁358。

4　淩廷堪《詩集・里中雜詩十首並序》（北京：中華書局，1998），卷二，頁83。

5　關於淩廷堪之生年有二說，一說生於乾隆二十年，一說生於乾隆二十二年，兩者相差二年。本論文根據淩廷堪《文集・學齋二箴》曰：「乾隆乙巳歲（五十五年），余在京師，寓居天津牛次原齋中，學為制舉之文，明年將以應京兆試，時余年已二十有九矣。」可推淩廷堪之生年當為乾隆二十二年。《文集・學齋二箴》，卷十三，頁247。

6　詳見姜公韜，《明清史》（臺北：眾文圖書公司，1990），頁119～126。

7　其兄時年二十六歲。

8　見《詩集・別先君子柩》：「旅櫬淹胸海，悠悠十八春。卻含將別淚，猶是未歸人。漫詡千言賦，空驚七尺身。江鄉何日返，難忘倍酸辛。」，卷二，頁76。

9　《詩集・初至家有感》，卷三，頁83。

10　《文集・麥飯頌並序》，卷十，頁232。

11　《詩集・學古書二十首》，卷五，頁95。

12　「棄書學賈，偶在友人家見詞綜，唐詩別裁集，攜歸就燈下讀，遂能詩及長短句」。見江藩，《漢學師承記》，頁428。

13　張賓鶴，字堯峰，杭州人，為人不拘小節，時人謂之「張瘋」，熟於七言古詩，書法顏魯公。

14　詳見其錦《淩次仲先生年譜》，卷一，頁340，收入《北京年譜叢刊》（北京：中華書局，1998），第一百七十四冊，本論文以下簡稱《年譜》。

15　二十一歲時不得歸，作〈招海客辭〉並序，序中言：「僕本歙人，生於海上，二十有一年矣，思歸不可得，乃擬楚人作招海客辭以自慰，招魂語辭用些字，大招用只字，盧琳放招用且字，今效漢廣及抑詩用思字」。《文集・招海客辭》，卷七，頁208。

16　詳見《年譜》，卷一，頁343。

17 《文集》，卷二，頁 175。

18 同上書，卷七，頁 210。

19 上論參考尚小明，《學人游幕與清代學術》，頁 56～76。

20 盧見曾（1690～1768），康熙六十年進士，雍正三年出任洪雅知縣，後調往江南，累官至直隸長蘆轉運使。以善詩聞名於當時，幕賓也以詩人為多，一時文宴盛於江南，淩廷堪的好友金兆燕也長客於此。此外戴震、惠棟、王昶等經學大家也曾客於盧府。

21 畢沅，曾受教於惠棟與沈德潛，乾隆二十五年中進士，殿試第二，乾隆皇帝因他的攻取南疆文章極為精彩，特擢為狀元。在翰林院任職數年後，被派往甘肅任道台，而後調升陝西布政使，相繼任陝西巡撫、河南巡撫、湖廣總督等職，為封疆大吏二十餘年，仕途顯赫。於經、史、小學、地理無不通曉，且十分愛惜人才，曾將當時有名的學者延至幕下，加以獎掖，包括江聲、章學誠、汪中、洪亮吉、淩廷堪等等，對清代學術文化的發展影響頗大。

22 謝啟昆（1737～1802），為翁方剛入室弟子，乾隆二十六年進士，曾授鎮江府知府、山西布政使、浙江布政使、廣西巡撫。以詩名於海內，翁方剛對其評價甚高，一生從宦的時間居多，但亦延攬賓客從事編書的工作，當時延攬的學人包括錢大昭、章學誠等。

23 《詩集·題謝蘊山觀察種梅圖》，卷七，頁 109。

24 《年譜》，卷三，頁 423～426。

25 詳見姜公韜，《明清史》（臺北：眾文圖書公司，1990），頁 126～136。

26 《文集》，卷二十三，頁 324。

27 《文集》，卷二十二，頁 313。

28 《文集·學勤齋時文自序》，卷二十八。頁 366。

29 同上注。

30 附圖 1-1〈乾隆五十八年進士題名碑〉，見徐自強主編，《本京圖書館藏中國歷代石刻拓本匯編》（鄭州：中州古籍出版社，1989），第七十六冊，頁 54。

31 《詩集·會試聞捷作》，卷六，頁 104，當時廷堪三十四歲。

32 華氏，乾隆四十六年與廷堪同事揚州詞曲館，司刪訂古今雜劇傳奇之違者，時共事者九十餘人，皆一時擅詞曲名家。

33 「贈婚」者多以他人之女為贈，子女絕無自由選擇權。「賜婚」以選入宮掖而後賜與子地者為多。詳見陳顧遠，《中國婚姻史》（臺北：臺灣商務印書館，1936），頁 103～105。

34 《詩集·夏日感興》，卷五，頁 94。

35 〈淩次仲先生事略狀〉，收入《北京年譜叢刊》（北京：中華書局，1998），第一百七十四冊，頁 325。

36 《年譜》，頁 422。

37 《詩集》，卷十二，頁 144。

38 《年譜》，卷三：「先生謂猶子嘉錫曰：汝祖棄世，吾與汝俱幼，惟賴汝父營生養母，身後事宜從厚。令扶柩歸葬梅山濟生公墓側。以太孺人年高，匿勿使知」。

39 《年譜》，卷三：「先生即於是日卸任（丁憂），遵制成服，凡事悉竭誠如禮，同寅及紳士生徒弔者數百人，毀瘠憔悴遂眚一目」。

40 詳見錢穆，《中國近三百年學術史》（臺北：臺灣商務印書館，1996），頁 547。

41 《文集·復禮下》，卷四，頁 191。

42 詳見《文集·復禮中》，卷四，頁 189。

43 參見陳居淵，《清代樸學與中國文學》（南昌：百花洲文藝出版社，2000），頁 126～127。

44 見清仁宗敕撰，《清高宗實錄》（臺北：華文出版社，1970），卷三百九十六。

45 參見梁啓超，《中國近三百年學術史》，頁 33。

46 見翁方剛，《復初齋文集·讀李穆堂原學論》（臺北：文海出版，1967），卷七，頁 286。

47 見梁啓超，《中國近三百年學術史·清代學者整理舊學之總成績》，頁 369。

48 同上注，頁 380～390。

49 同上注。

50 見《文集》，卷十三，頁 250～251。

51 同上書〈黃鐘説〉，卷十七，頁 283。

52 同上注。

53 詳見江藩著、周予同注，《漢朝漢學師承記·凌廷堪傳》（臺北：學海出版社，1985），頁 432。

54 見《詩集·學古詩》，卷五，頁 97。

55 見《文集·讀宋史》，卷五，頁 197。

56 詳見《文集·書宋史浩傳後》，卷三十一，頁 379。

57 見《文集·讀宋史》，卷五，頁 197。

58 《燕樂考原》，收入《續修四庫全書》（臺北：臺灣商務印書館，1966），第一百一十七冊。

59 詳見梁啓超，《中國近三百年學術史》，頁 390～392。

60 見《周禮·春官宗伯下》，卷六，頁 245。

61 同上注。

62 同上注。

63 同上注。

64 見段安節，《樂府雜錄》（臺北：藝文印書館，1967），頁 185。

65 見《續修四庫全書總目提要》上冊，經部，樂類，頁 653。

66 詳見梁啓超，《中國近三百年學術史》，頁 392。

67 見錢謙益，《牧齋有學集·王侍卿遺詩贊》（臺北：臺灣商務印書館，

1967），卷四十二，頁 417。

68 同上書，卷十七，頁 154。

69 見梁啓超，《中國近三百年學術史》，頁 356。

70 全祖望，《鮚埼亭集·梨洲先生神道碑文》（臺北：華世出版社，1977），卷十一，頁 136～137。

71 王夫之，《船山全書·噩夢》（長沙：長沙嶽麓書社，1992），卷十二，頁 570。

72 戴震，《戴東原集·與是仲明論學書》（臺北：臺灣商務印書館，1933），卷九。

73 李塨，《顏習齋先生年譜》（臺北：廣文書局，1965），頁 772。

74 業師張麗珠，《清代新義理學──傳統與現代的交會》（臺北：里仁，2003），第六章，頁 231～260。

75 同上注，頁 248。

76 業師張麗珠，《清代義理學新貌》，頁 90～95。

77 見《欽定四庫全書總目》（臺北：臺灣商務印書館，1983），經部，卷十九，禮類，頁 388。

78 錢玄，《三禮通論》（南京：南京師範大學出版社，1996），頁 63。

79 劉師培見，《經學教科書·近儒之禮學》（上海：國粹學報館，1905），第一冊，頁 2086。

80 「他們兩位雖沒有關於《禮》學的專門著作，但亭林見張稷若治《禮》便讚嘆不止，他的外甥徐建庵便著有《讀禮通考》。梨洲大弟子萬充宗、季野兄弟經學的著述，關於訓詁方面的甚少，而關於禮制方面的最多，《禮》學蓋萌芽於此時了。」見梁啓超，《中國近三百年學術史》，頁 262。

81 詳見趙園，《明清之際士大夫研究》（北京：北京大學出版社，1999），頁 431。

82 「四禮學」是指婚、喪、葬、祭四種禮，是和人倫日用相關最密切者。

83 上見參考姜公韜，《明清史》，頁 146。

84 詳見周予同選注，《漢學師承記》（臺北：學海出版社，1985），頁 65。

85 如胡培翬，《儀禮正義》就是依照張爾岐本做基礎。

86 參見戴君仁，《書張爾岐儀禮鄭注句讀後》（臺北：臺灣書局，1974），頁 80～87。

87 見劉九洲，《顧亭林文集·與人書九》（臺北：三民書局，2000），頁 387。

88 同上書〈儀禮鄭注句讀序〉，頁 130。

89 由於宋張載講學關中，傳其學者稱為關學。

90 關於毛奇齡之生平參考《清儒學案》，卷二十五，頁 1～6。

91 見毛奇齡，《毛西河先生全集·喪禮吾說篇》（臺南：莊嚴文化事業，1997），頁 1～4。

92 同上書，第十九冊。

93 見方祖猷，《萬斯同傳》（臺北：允晨出版社，1998），頁224～225。

94 七廟：周代的宗廟制度規定天子七廟、諸侯五廟、公卿三廟、士一廟。又以昭穆的次序排列：自太祖，亦即一族的始祖之後，父廟曰昭，子廟曰穆，孫之廟昭，曾孫之廟又曰穆，以此類推。祖先崇拜以嚴格的制度確定下來加以強制性地奉行。宗子作為本宗始祖的嫡系繼承人，是全宗人尊奉的物件，他有著許多特權。宗子有權主持祭祀。宗子有掌管本宗財產的權力。宗子還有權掌管宗族成員的婚喪事務。宗子對宗族成員有管教與懲罰的權力，甚至有生殺大權。

95 四廟：依照鄭玄的說法，是指高祖廟曾祖廟祖廟禰祖廟。見《禮記鄭注》（臺北：學海，1979），頁424。

96 上論程克雅，《乾嘉學者「以例釋禮」解經方法比較研究——江永、凌廷堪、胡培翬為主軸之析論》，頁23。

97 據朱彝尊，《經義考》所輯存有：李如圭《集釋古禮》、朱熹《儀禮經傳通解》、黃榦《續儀禮經傳通解》、楊復《儀禮圖》、《儀禮經傳通解續》、魏了翁《儀禮要義》、敖繼公《儀禮集說》、吳澂《儀禮逸經》、《儀禮傳》等。

98 據朱彝尊，《經義考》所輯存有：汪克寬《經禮補逸》、李黼《儀禮集解》、王志長《儀禮注疏羽翼》、郝敬《儀禮節解》。

99 《四庫全書總目提要》言明代三禮學云：「注其書者寥寥數家，即郝敬《節解》之類，稍著於世者，亦大抵影響揣摩，橫生臆見。」另於郝氏《儀禮節解》條下亦云：「敬所做《九經解》，皆好為議論，輕詆先儒。此編尤誤信樂史五之說，謂《儀禮》不可為經，尤為乖謬。所解亦粗率自用，好為臆斷」。

100 見《清儒學案》，卷三十三，頁2～3。

101 詳見韓菼，《碑傳集·資政大夫經筵講官刑部尚書徐公乾學行狀》（上海：上海古籍，1987），卷二十，頁138。

102 馮辰、劉調贊，《李塨年譜》（北京：中華書局，1988），卷三，頁96。

103 商代先有上帝的觀念，祂是天地間與人間，包括農產收穫、戰爭勝負、君王禍福的最高主宰，君王祈求時，必先舉行祭祀的儀式，天之所以可敬畏，是因為天是超乎人之地位的，有主宰、有權能，可以對人類施行賞罰，人既然敬天，便不能無祀，以求能與天通，故對於祀天非常虔敬。古時的祀天，冬至在「南郊」，夏至在「北郊」，只有天子可以主祭，其他的人都不可冒犯祭天。

104 參考馮元魁，《清史》（香港：中華書局，2002），傳記第三十，頁259～260。

105 明堂圖轉引自《欽定四庫全書》，第一百二十九冊，頁67。

106 詳見惠棟，《明堂大道錄·明堂總論》（上海：古籍出版，1995），收入《續修四庫全書》，第108冊，頁545。

107 見《清朝漢學師承記·惠棟》，頁106～107。

108 詳見《清儒學案》，卷五十八，頁18～20。

109 見江永，《禮經綱目序》，臺灣商務印書館「景印文淵閣四庫全書」重印，第一百三十三冊，頁 43～44

110 詳見《清儒學案》，卷五十八，頁 3～4。

111 見錢穆，《中國近三百年學術史》，第八章，頁 339。

112 上江永之生平大略見《清儒學案》，卷五十八，頁 1～4。

113 見《清儒學案》，卷六十三，頁 1～6。

114 見毛奇齡，《辨定嘉靖大禮議》，卷一，頁 7～8。

115 同上書，卷二，頁 10。

116 見《朱子語類》（臺北：文津，1986），卷八十五，頁 2195。

117 見郝敬，《儀禮節解・讀儀禮》，收入《續修四庫全書》，第八十五冊，頁 546。

118 羅振玉，《本朝學術源流概略》（上海：上海書店，1989），頁 25。

119 附圖 1-3、1-4 轉引自《北京圖書館藏中國歷代石刻拓本匯編》，第七十六冊，頁 124、125。

120 上論參見周同予，《中國經學史講義》（上海：文藝，1999），頁 99～101。

121 王夢鷗，《禮記今註今譯・郊特牲》（臺北：臺灣商務印書館，1998），頁 433。

122 程頤、程顥，《二程全書・遺書》（香港：中華書局，1982），卷二十二，頁 3。

123 同前注，卷 18，頁 46。

124 沈雲龍主編，《小倉山房文集・六宮辨》（臺北：文海出版社，1972），卷二十二，頁 21。

125 見汪中，《述學・內篇一》，收入《叢書集成續編》，第三十七冊，總頁 728。

126 見高翔，〈論清前期中國社會的近代化趨勢〉（中國社會科學，2000，第四期）。

127 上論參見蔡尚思，《中國禮教思想史》（香港：中華書局，1991），頁 143～154。

128 上論參見高翔，《近代的初曙》（北京：社會科學，2000），頁 169～171。

129 上論可參見江藩，《國朝漢學師承記・錢大昕》，頁 250。

130 上論參見高翔，《近代的初曙》，頁 174～179。

131 見《儀禮今注今譯・喪服》，第十一，頁 371。

132 孫希旦，《禮記集解》，頁 172。

133 見《二十五史・舊唐書韓愈傳》（臺北：藝文，1982），第二十二冊，總頁 558。

134 參見張壽安，《十八世紀禮學考證的思想活力》，頁 337～341。

135 見顧炎武，《日知錄集釋》（長沙：岳麓書社，1994），頁 199～200。

136 見毛奇齡，《喪禮吾說篇》，卷九，頁 14。

137 「加服」之類型有二，一曰「從輕服而重服」；二曰「從無服而有」服，詳見《喪服制度的文化意義》（臺北：文史哲，2000），頁132～144。

138 杜佑，《通典》（臺北：藝文印書館，1983），卷九十二，總頁452。

139 見毛奇齡，《喪禮吾說篇》，卷九，頁14～15。

140 見方祖猷，《萬斯同評傳》（江蘇：南京大學出版社，1996），頁84～87。

141 見萬斯同，《群書疑辨》（臺北：廣文書局，1972），卷二，頁20。

142 同上書，頁21。

143 參見張壽安，《十八世紀禮學考證的思想活力》，頁354。

144 見錢儀吉，《碑傳集‧朱軾墓誌銘》（北京：中華書局，1993），卷二十二。

145 見朱軾，《朱文端公集》，清乾隆二年（1737）刊本，卷三，頁33～34。

146 見《清儒學案》，卷三十九。

147 見《儀禮今注今譯‧喪服》，第十一，頁371。

148 見陳戍國，〈從《唐律疏議》看唐禮及相關問題〉（湖南大學學報，社會科學版，1999），第13卷，頁50～52。

149 見《清儒學案》，卷八十二。

150 見程瑤田，《儀禮喪服足徵記‧報報舉例述》，卷六，頁189。

151 《儀禮‧喪服》，第十一，頁371。

152 上論參見張壽安，《十八世紀禮學考證的思想活力》，頁382～390。

凌廷堪《禮經釋例》之禮學成就

附圖 2-1：《禮經釋例》舉隅。1

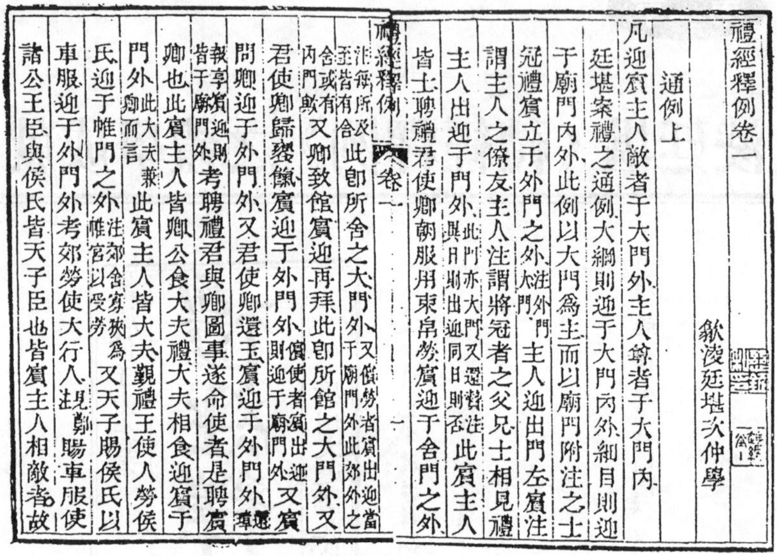

禮經釋例卷一
歙凌廷堪次仲學
通例上
凡迎賓主人敵者于大門外主人尊者于大門內
廷堪案禮之通例大綱則迎于大門內外細目則迎于廟門內外此例以大門為主而以廟門附注之士冠禮賓立于外門之外注外門大門主人迎出門左賓注謂主人之僚友主人注謂將冠者之父兄士相見禮主人出迎于門外此門亦大門又還贄注與日則出迎同日則否此賓主人皆士聘禮君使卿朝服用束帛勞賓迎于舍門之外注行所及至皆有舍此即所舍之大門外又儐勞者賓出迎當于廟門外此郊外之舍或有內門歟又卿致館賓迎再拜此即所館之大門外又君使卿歸饔餼賓迎于外門外注賓使者出迎則迎于廟門外又賓問卿迎于外門外又君使卿還玉賓迎于外門外注還報享賓迎則皆于廟門外考聘禮君與卿圖事遂命使者是聘賓卿也此賓主人皆卿公食大夫禮大夫相食迎賓于門外此大夫兼卿而言此賓主人皆大夫覲禮王使人勞侯氏迎于帷門之外注郊舍狹為帷宮以受勞又天子賜侯氏以車服迎于外門外考郊勞使大行人注見鄭賜車服使諸公王臣與侯氏皆天子臣也皆賓主人相敵者故

附圖 2-2：《禮經釋例》舉隅。

《禮經釋例》是淩廷堪據《儀禮》一書加以條列歸納的禮學專著。《儀禮》是先秦貴族禮儀的彙編，號稱為禮學之本源，為漢初所立五經博士之一，故又稱為《禮經》。入唐，《禮經》之地位逐漸被《禮記》取代，因此，傳習漸稀。北宋王安石改革科舉，取消《儀禮》科，此後數百年，《儀禮》之學益衰，《儀禮》的內容，主要是講禮之形式與儀節。共分為十七篇，為儒家治國治民重要的經典之一，在漢代稱為《禮》、《士禮》、《禮經》。於統括冠、昏、喪、祭、鄉、射、朝、聘八方面，以為禮之大體。

淩廷堪由於發憤抄錄群經，舉凡《詩經》、《尚書》、《周官》、《儀禮》等等，在抄錄群經的過程中讓淩廷堪因而體悟

至深，由於《周官》的考究頗深，當然有助其研究《儀禮》。
凌廷堪在《禮經釋例》自序中提到，自己年近三十，才開始接
觸禮經，潛玩既久，知其間之差異，與夫詳略隆殺之故，於是
將研習的心得，輒書成書。至於《禮經釋例》之書名，他則
說：

> 初仿《爾雅》，為《禮經釋名》十二篇。如是者有年，
> 漸覺非他經可比，其宏綱細目，必以例為主，有非詁訓
> 名物所能賅者。乾隆壬子，乃刪蕪就簡，仿杜氏之於
> 《春秋》，定為《禮經釋例》。[2]

在凌廷堪正式定名成《禮經釋例》後，江永有《儀禮釋例》、
杭氏道古棠集有《禮例序》，凌廷堪慮其雷同，於是再檢閱
《四庫書存目》，輯入《禮經釋例》一卷，證以群經，合者取
之，離者則置之，信者伸之，疑者則闕之，區分成八類，共十
三卷。

　　凌廷堪透過釋例之方式，將素來令人難懂的「儀禮」，區
分了八類，並在各篇之末，附以其他經籍之相關考釋，有系統
地建立一套禮學體系及思想學說，使儒家經典重新獲得詮釋並
肯定其價直，其摯友阮元讚其「識力精卓，貫通群經……說經
之文，發古人所未發。」其尤卓然傳者則有「復禮」三篇，
唐、宋以來儒者所未有也。

第一節 《禮經釋例》以「例」釋禮的解經門徑

《儀禮》一書，幾乎不見有思想性的論述，除了文字古奧，難以卒讀之外，宋明以來，探討心性之理學大行其道成為時代思想主流，《儀禮》被冷落更是可見一斑。凌廷堪《禮經釋例》中的禮經，便是《儀禮》，他也自陳自己所沿用的禮經源流，「《儀禮》一經，在漢與易、書、詩、春秋並列為五史記，儒林傳、《漢書藝文志》皆以此書為禮經，後人不曰禮經，而曰《儀禮》者。」[3] 他將《儀禮》內容打散，重新歸納整理，費時二十餘年方完成的禮學要籍。

一、《禮經釋例》內容析論

《禮經釋例》是據《禮經》加以條列歸納，於訓詁名物的基礎上，進一步將禮書中的儀節度數、行進舉止，藉由前後文脈絡及經文中所載不同禮儀的進行，會通歸納成「禮例」。這種解經方式已脫離了名物訓詁的內容，而是要效法晉人杜預《春秋釋例》之定凡例、闡發微言大義作目標。《禮經釋例》卷首有〈復禮〉三篇，有系統地闡述禮之緣起與價值，而後將禮經區分為八類：

1. 通例：通例分上、下二卷，上卷共十九例，並附〈周官九拜解〉一篇；下卷二十二例。通例的內容舉凡《儀禮》各篇中有同性質的皆列於此，如例一：

- 凡迎賓，主人敵者于大門外，主人尊者于大門內。[4]

這一例中，凌廷堪將禮之通例，大綱則迎於大門內外，細目則迎於廟門內外，尋《儀禮》之例中，可得：

- 〈士冠禮〉賓「立于外門之外」「主人迎，出門」，左賓。
- 〈士相見禮〉主人「出，迎于門外」。
- 〈聘禮〉「君使卿朝服，用束帛勞」，賓「迎于舍門之外」，此即所舍大門之外。
- 〈士昏禮〉納采，使者至，主人「迎于門外」。[5]

凡是與此例以「大門」為主，而以「廟門」附注之者，便將之列於此例中。

2. **飲食之例**：分上、中、下三卷。上卷十八例；中卷二十例；下卷十八例，並附《周官・九祭》解一篇，〈儀禮釋牲上〉、〈儀禮釋牲下〉。凌廷堪此例以〈鄉飲酒禮〉、〈燕禮〉為主，也旁及〈鄉射禮〉、〈大射禮〉、〈士昏禮〉、〈士冠禮〉等與「飲食」相關的禮例，一併收入，如：

- 凡主人敬賓之酒皆謂獻。
- 凡主人先飲以獻賓之酒謂之酬。
- 凡禮盛者坐卒爵，禮殺者立卒爵。[6]

〈鄉飲酒禮〉按《儀禮》內容為記述周代在鄉校舉行酒會的禮儀，主要內容包括：謀賓、介賓、速賓、迎賓禮、獻賓、

作樂、旅酬、無算爵、無算樂、送賓。實踐此禮的意義在於序長幼、別貴賤、確立孝弟、尊賢、敬長、養老的倫理道德規範和宗法等級秩序，以達到「正身立國」的目標。孔子歸納此禮有分別「貴賤之意」，表達「隆殺之義」，使人「和樂而不流」、「弟長而不遺」、「安燕而不亂」的作用。

〈鄉射禮〉按《儀禮》為古代鄉大夫在鄉學中舉行的會民習射之禮儀。後世儒家學者把習射與行禮樂結合起來，舉行鄉射禮時，要有人觀看，主辦者將以五事詢問民眾，以議論參射者之優劣，作為選拔人才之參照。〈燕禮〉按《儀禮》內容為古代君臣燕飲的禮儀，在五禮中屬嘉禮，諸侯無事而燕群臣，主要功能作用在於「明君臣之義」。「明貴賤」之別，也就是通過突出君之至高地位，確立君臣民的等級差別，使他們能各安其位，各盡其職，又能上下協調，和睦相處，協調君臣上下關係，維護社會安定。〈燕禮〉按《儀禮》內容包括通知參加者和各種準備，賓主行一獻之禮及旅酬，向卿大夫敬酒並奏樂，坐燕盡飲，賓出及君與異國臣燕禮。凌廷堪按《儀禮》將與「飲食」有關的禮例歸於此類中，並詳解當中的差異與共通處。

附錄中的〈儀禮釋牲上〉、〈儀禮釋牲下〉，凌廷堪將《儀禮》中有述及「牲」之部位的篇章，或有前後矛盾，抑或訛誤者作了會通與訂正（附圖2-3）。[7]

3. 賓客之例：一卷，共十八篇，並附〈觀義〉一篇。內容以〈聘禮〉、〈觀禮〉、〈公食大夫禮〉為大部分，旁及幾則〈士昏禮〉與鄉飲酒禮，如：

• 凡賓至，則使人郊勞。

附圖 2-3：「牲體圖」之各部位圖示。

- 凡賓、主人相見，皆行受摯之禮。
- 凡賓、主人禮畢，皆還其摯。[8]

〈聘禮〉為古代天子與諸侯、諸侯與諸侯之間相聘問的禮儀，相當於現在的外交禮儀。聘禮的作用是通過外交活動，加強本國與他國聯繫，加深交往，敦厚感情，以息滅爭端，保持和平親善關係。依《儀禮》內容大致分為七部分，一是行聘前的準備，二是向受聘國君及夫人獻禮，三是正副使與隨行人員私見國君，四是正副使與受聘國卿大夫互相問候、贈送禮品，五是國君、大夫宴請使者並送別，六是使者歸國覆命、告廟及幾種特殊情況所遵循之禮儀。

〈公食大夫禮〉記述諸侯以食禮宴請小聘使者的禮儀，於五禮中屬嘉禮。為食前準備、食禮的詳細禮節和程序與食禮的四種不同情況。〈覲禮〉為諸侯朝見天子之禮。按《儀禮》內容包括三部分，一為入覲初至之事項，二為朝覲的具體程序內容，三為時會殷同之禮和巡狩之祭。前二項在都城宗廟進行，

為觀禮的核心內容，後一項在諸侯之邦國或方岳進行，為觀禮的補充。凌廷堪將與「賓客」相關的禮例，歸於此「賓客之例」中。

4. 射例：一卷，共二十例，並附〈周官‧鄉射五物考〉一篇，〈射禮數獲即古算位說〉各一篇。凌廷堪例類要貫通《儀禮》之〈鄉射禮〉、〈大射禮〉之內容，按其禮制將可共通處，歸於此類，如：

- 凡射，未升堂之前三揖，曰耦進揖，曰當階北面揖，曰及階揖。
- 凡射，既升堂之後三揖，曰升堂揖，曰當物北面揖，曰及物揖。[9]

按《儀禮》內容，〈鄉射禮〉可分為六章，一為射箭前之準備，包括召請賓客、主賓燕飲、奏樂等項。二、三、四章為記敘一、二、三番射的具體過程，為射禮的核心內容。五章為射後的旅酬、送賓諸禮儀。六章為「記」，主要是對射禮過程中有關細節的補充說明和必要闡釋。〈大射〉為天子、諸侯會集群臣在大學中舉行習射之禮，按《儀禮》內容與鄉射禮基本相同，只是主人、參加者和執事者身分高，參加人數更多，規模更大，禮儀更為隆重，更凸顯君主的主宰地位，按《儀禮》內容包括射前準備、射前舉行燕禮情況、三番射的過程和儀節、射後旅酬、無算爵，直至賓出君入諸禮儀。凌廷堪將此二種禮中凡可共通者，皆列為一例，共歸為二十例。

附錄的〈周官‧鄉射五物考〉一篇，將《周官》鄉大夫鄉射五物中的「和、容、主皮、和容、興舞」與《論語》、《史

記》、《禮經》及後儒所注作一比對，提出乖隔之處。〈射禮
數獲即古算位說〉將〈鄉射〉、〈大射〉數獲之位，即古算籌
之位，比照《禮記》原典，孔穎達、鄭玄之說法，指出其異同
之處，並遺憾於自算盤盛行，古算籌之位皆已不傳，謹此見於
禮經者。

　　5. **變例**：共二十一例，其內容皆與《儀禮》喪禮有關。
大致包括了〈喪服〉、〈既夕禮〉〈士喪禮〉〈士虞禮〉，如：

> ● 凡大斂于阼階上，既殯，則于西階上。
> ● 凡朝廟奠、祖奠、大譴奠，皆薦車馬。
> ● 凡凶事交相右，吉事交相左。[10]

在變例下，附有〈封建尊尊服制考〉一篇。

　　按《儀禮》喪祭禮一組共七篇，喪禮四篇，其中三篇為士
禮，一篇為喪服。〈喪服〉綜述天子至於庶民居喪時所穿衣服
和服喪年月之制，為喪禮四篇中最重要的一篇。從喪服用料的
精粗、形制和服喪時間的長短，表達生者與死者血緣親疏、尊
卑上下關係和哀戚深淺程度。分為十一章，即一斬衰、二齊衰
年、三齊衰杖期、四齊衰不杖期、五齊衰三月、六殤大功、七
成人大功、八穗衰、九殤小功、十成人小功、十一緦麻。另有
記一章，補充記述五服中未能包括的喪服特例和喪服用布的不
同規定。

　　〈士喪禮〉記述諸侯之士遭父母之喪自始死至卜葬諸禮
儀。可分五章，一為始死第一日諸禮；二為親喪第二日禮儀，
主要記述小斂全部過程；三為親喪第三日禮儀，主要記述大斂
過程和君臨大斂之禮；四為朝夕哭奠、朔日奠和薦新；五為卜

筮墓地和葬日。〈既夕禮〉接上篇記述喪禮的葬禮部分。[11]
內容包括三部分，一為葬前一日的準備，二為葬日諸事，三為
記。主要禮儀程序有啟殯，朝祖，贈送助喪的車馬器物和錢
財，設大遣奠，出殯，落壙，反哭各項。

〈士虞禮〉為士喪父母下葬後返回殯所行安魂的祭禮。[12]
虞祭在下葬當日中午開始舉行，次數和時間因身分地位高低之
別而各有差等，士三虞四天，大夫五虞八天，天子九虞十六
天。虞禮比起喪禮、祭禮在內容和程序上都較為簡約，是喪禮
邁向祭禮的過度形態，具有喪禮、祭禮雙重屬性，分為二部
分，一為祭前準備和設饌饗神，二為祭祀由開始到結束的具體
過程。凌廷堪將與喪禮有關的禮例，尋出其共通者貫於一例，
共二十例。附錄的〈封建尊尊服制考〉為凌廷堪探究宗法規則
的主要論述，本論文將於下一節中探討，此略。

6. 祭例：上、下二卷。上卷十四例，下卷十六例，此類
禮例以《儀禮》之「祭禮」三篇為主，包括〈特牲饋食禮〉、
〈少牢饋食禮〉、〈有司徹〉，其中士禮一篇，大夫禮兩篇，凌
廷堪歸納的禮例如：

> ● 凡士祭，尸九飯。大夫祭，尸十一飯。
>
> ● 凡尸飯，舉脊為食之始，舉肩為食之終。
>
> ● 凡尸食之前之祭，謂之墮祭，又謂之挼祭。[13]

〈特牲饋食禮〉記述諸侯之士按歲時祭祀其祖禰的禮儀。
[14]古時祭祖禰的祭品規格因身分貴賤而有別，天子、諸侯用一
牛一羊一豬的大牢，卿大夫用一羊一豬的少牢，士用一豬，稱
特牲，祭祀的規模與繁簡程度亦有不同。分為五章，一章為祭

前準備諸事，二為祭日陳設、位次，主人，主婦和祝、佐食初行陰厭之祭，三為尸入行正祭之禮，共十一節，構成全篇的核心，四章為主人與兄弟之長餕食，改饌陽厭，五為記。〈少牢饋食禮〉為諸侯之卿大夫祭祀其祖禰於廟的禮儀。[15] 分為五章，一、二章為正禮前的準備，三章為尸入行正禮，四章主人、主婦三獻之禮，五為賓獻與餕食之禮。

〈有司徹〉為〈少牢饋食禮〉的下篇，記述上大夫在堂上行賓儐尸之禮和下大夫不行賓儐尸之禮。[16] 本篇分為兩大部分，第一部分為上大夫儐尸禮儀，為本篇的主體，第二部分為下士大夫不儐尸的禮儀。淩廷堪將與祭禮有關的禮例，尋其可共通者，歸為一例，共三十例，其間並與歷代各家注解作比附，指出有訛誤之處。

7. **器服之例**：上、下二卷。上卷二十例；下卷二十例，並附〈論語黃衣狐裘考〉一篇。此類禮例將《儀禮》中有提及「器服」者，舉凡几、席、洗、爵、豆、邊……找出其用禮共通處，歸為一例。

如〈器服之例上〉：

- 凡所以馮者曰几，所以藉者曰席。
- 凡盛黍稷稻粱之器曰簋、曰敦，盛稻粱之器曰簠（參見附圖 2-4）。[17]
- 凡相見，君則以玉為摯，臣則以禽幣為摯。[18]

以「凡盛黍稷稻粱之器曰簋、曰敦，盛稻粱之器曰簠」為例，對照《儀禮》淩廷堪案：〈聘禮〉歸饔氣餼，堂上八簋，「黍其南稷，錯」，西夾六簋，「黍其東稷，錯」。〈公食大夫禮〉正

附圖2-4：禮器敦、簋、簠

譔，「宰夫設黍、稷六簋」，是諸侯盛黍稷之器，謂之簋也。〈士昏禮〉「譔于房中」，「黍稷四敦」，〈士喪禮〉朔月奠，「無邊，有黍、稷，用瓦敦，有蓋，當邊位」。……淩廷堪將凡是有提到簋、敦、簠的禮例歸結為：凡盛黍記稷之器曰簋、曰敦，盛稻粱之器曰簠。

　　附錄的〈論語黃衣狐裘說〉，是緣於其門生張其錦之提問有關《論語》中「黃衣狐裘」之疑惑，淩廷堪則以《儀禮》中有關狐裘的各節，加以比對，予以回答，於此展現了淩廷堪對於《儀禮》之熟稔。

　　8.雜例：一卷。雜例是較為繁瑣的一類，淩廷堪將《儀禮》有類可歸者，散見諸例，無類可歸者，皆附於雜例，共二十一例，如：

- 凡鄉飲、鄉射明日息司正，略如飲酒之禮。
- 凡燕四方之賓客，略如燕其臣之禮。
- 凡昏禮婦至設饌，及婦饋舅姑，略如食禮。[19]

於〈雜例〉後並附〈燕樂二十八說〉上、中、下三篇。

如凡鄉飲、鄉射明日息司正，略如飲酒之禮。又如凡父見婿，略如見賓客之禮。[20] 凌廷堪案考〈士昏禮〉：「親迎，婿至于門外之禮中之細節，略如賓客之禮」，因此，他歸納為「又如凡父見婿，略如見賓客之禮」，取其婦見舅姑，如臣之見君，女父見婿，如主人之見賓，陽尊陰卑之也。在每一例下，凌廷堪皆加以詳解，說明歸類之原由，並引經說明。

梁啟超在《中國近三百年學術史》中，對凌廷堪的《禮經釋例》有一段評論說：「乾嘉期間，有凌次仲的《禮經釋例》十三卷，將全部《儀禮》拆散了，重新比較整理貫通一番，發現若干原則，凡通例四十、飲食之例五十有六、賓客之例十有八、射例二十、變例即喪例二十有一、祭例三十、喪服之例四十、雜例二十有一，其方法最科學，實經學界一大創作」。[21] 凌廷堪在《禮經釋例》中的論理方法，上承自《儀禮》之後所附《記》及《鄭注》，但主要還是來自《儀禮》本文的歸納，《禮經釋例》旨在會通其例，一以貫之，如揖讓升降之禮，頻頻見於士冠禮、士昏禮、士相見禮、覲禮、聘禮、射禮等篇，凌廷堪則歸納為若干例，如：

- 凡迎賓，主人敵者于大門外，主人尊者于大門內。
- 凡入門，賓入自左，主人入自右，皆主人先入。
- 凡升階皆讓，賓主敵者俱升，不敵者不俱升。
- 凡門外之拜皆東、西面，堂上之拜皆北面。[22]

以後只要見到同樣的事例，便可依此歸類。

又如〈鄉飲酒禮〉為飲食之禮，〈鄉射禮〉於射前，賓主

先行飲酒之禮，其儀節與〈鄉飲酒〉相同，兩者之間卻有可聯繫之處，凌廷堪便發現了這個細微的問題，他指出〈有司徹〉祭畢飲酒之儀節，與〈鄉飲酒禮〉基本相同，因此〈有司徹〉之尸，即〈鄉飲酒〉之賓，侑即〈鄉飲酒〉之介。而〈有司徹〉主人獻尸、主人獻侑、主人受尸酢，即〈鄉飲酒〉之主人獻賓、主人獻介、賓酢主人（參見附圖2-5）。[23]

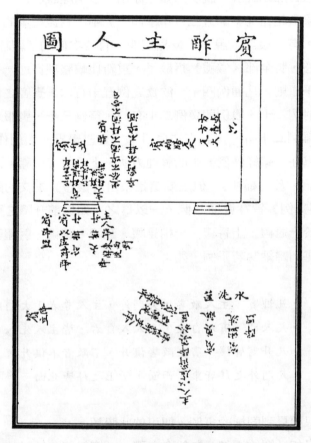

附圖2-5：賓酬主人程序圖。

　　對於節文威儀，委屈繁重的《儀禮》，淩廷堪認為是「驟閱之如治絲益棼，細繹之皆有經緯可分，乍睹之如入山而迷，徐梂之皆有途徑可揭……經緯途徑之謂何為例而已矣」。[24] 淩廷堪將《儀禮》條分縷析後，發現禮之名目雖不同，角色稱謂亦因而有差異，然其儀節卻是相當一致，凡是這種情況，淩廷堪一律稱之為「異中有同」。他認真地將《儀禮》文本詳加歸類整理後，在眾人認為紛雜且看似無序的儀節中，發現相同或相通之處，揭示古代社會生活之例，讓各篇之間，脈絡隱現，秩序井然。

二、強調「尊」與「卑」的禮秩

　　淩廷堪的釋禮方法是先從事義將禮例分成「通禮」、「變禮」，再從通禮中分出賓客、飲食、器服……等不同的八類子目，再就語文的層面，從敘述句式加以歸納，以比較不同類目中，各種儀節進行的細微差別，以此作為區辨不同禮例的標記，對於「例」性質的強調，在《禮經釋例・雜例》中「凡昏禮婦奠菜、聘禮賓介將行、及使還有事於禰廟，略如祭禮」之下，有云：

> 聖人之制作，……〈鄉飲〉與息司正相類矣，而有不類者，〈燕禮〉則不類又有類焉者也。〈公食〉與饋舅姑相類矣，而有不類者，婦至設饌，則不類中又有類焉者也[25]。

淩廷堪用對比的方式，歸納禮例，在常例與變例的區別中，探

尋禮義的區別與價值標準。在立場上，對於「禮例」的掘發，仍不出《儀禮》經典的基礎，至於論辯《周官》、《詩經》、《論語》中有關禮例事類，是為了他作的禮例系統作佐證。歸納禮例的方法如：以「凡為人使者不答拜」為例：

- 〈士昏禮〉納采，主人迎于門外，再拜，賓不答拜。
- 〈聘禮〉主君使卿郊勞，聘賓迎于舍門之外，再拜，勞者不答拜。
- 〈公食大夫禮〉使大夫介賓，出拜辱，大夫不答拜。
- 〈覲禮〉王使人郊勞，侯氏迎于帷門之外，再拜，使者不答拜。
- 〈聘禮〉主君使卿歸聘賓饔餼，賓迎大夫，于外門外，再拜，大夫不答拜。[26]

凌廷堪列舉了與之相關的事例，對比出儀節的典型實例與方法，歸納出值得相互比勘的通例。此外，更引《禮記·曲禮》：「大夫見于國君，君若迎拜，則還辟，不敢答拜。」注曰：「謂嫌與君抗賓主之禮」，可見《禮記》注此種說法有誤。因凡臣與君行禮，若君拜之，在庭則在拜稽首，在堂則降階再拜稽首，安有不答拜之禮？於是凌廷堪直言《禮記》出於漢說禮者之言，傳記之文，有與經違者，當據經以正傳記，未可強經就傳記也。對於引用相關古經的法則，凌廷堪曾說：

> 傳記之文，有與經合者，有與經違者，當據經以正傳記，未可強。經以就傳記也。[27]

淩廷堪這種「尊經」的作法，其實也是清儒重訓詁的時代潮流，他認為唯有據經以正傳記，回歸文本，才是判斷禮意是非的正確做法。淩廷堪不僅以《儀禮》作為尊信的對象，舉凡經書中牽涉禮事禮意者，即是考據的根據。如對「向位之儀」於古禮中能看出禮制的吉凶、尊卑、隆殺等差異，淩廷堪將「向位之儀」定位為「向位之列」，在《禮經釋例‧通例》中關於「向位」的體例頗多，舉例如下：

1. 行禮時的「內外之別」：為別主賓，淩廷堪將《儀禮》中凡與主賓相關的條例歸於一類，曰：

凡迎賓，主人敵者于大門外，主人尊者于大門內。[28]

淩廷堪案：禮之通例，大綱則迎於大門內外，細目則迎於廟門內外，此例以大門為主，而以廟門附注之。他歸納的部分包括：

- 〈士冠禮〉賓「立于外門之外」（外門即大門）「主人迎，出門」，左賓，注謂「主人之僚友」。主人，注謂「將冠者之父兄」。
- 〈士相見禮〉主人出，迎于門外。〈聘禮〉君使卿朝服，用束帛勞，賓迎于舍門之外。
- 〈公食大夫禮〉大夫相食，迎賓于門外。
- 〈覲禮〉王使人勞侯民，迎于帷門之外。
- 〈聘禮〉賓皮弁聘，公皮弁迎賓于大門內。
- 〈公食大夫禮〉賓朝服，即位于大門外，如聘；公如賓服，迎賓于大門內。

- 〈燕禮記〉若無四方之賓燕，則公迎于大門內。
- 〈士昏禮〉納采，使者至，主人「迎于門外」。
- 〈鄉飲酒禮〉主人一相迎于門外。
- 〈鄉飲酒義〉云主人拜迎賓于庠門之外。
- 〈鄉射禮〉賓及門，主人一相出迎于門外。

為更明瞭方位，以下以圖示之，請參見附圖 2-6 至附圖 2-15。[29]

　　如此多與迎賓相關的繁瑣禮儀，淩廷堪則將之逐一找出歸於一條，曰「凡迎賓，主人敵者于大門外，主人尊者于大門內」，讓向位一目瞭然，尊卑立現。

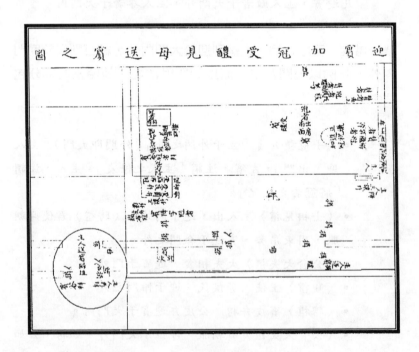

附圖 2-6：〈士冠禮〉賓「立于外門之外」。

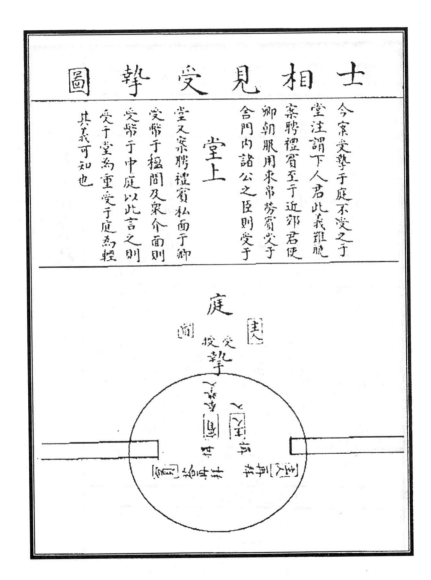

附圖 2-7：〈士相見禮〉主人出，迎于門外。

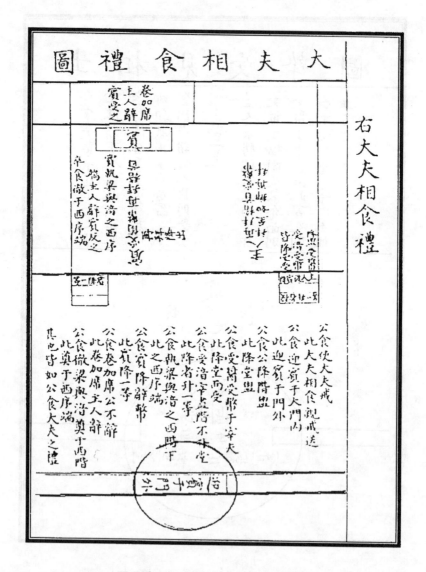

附圖 2-8：〈公食大夫禮〉大夫相食，迎賓于門外。

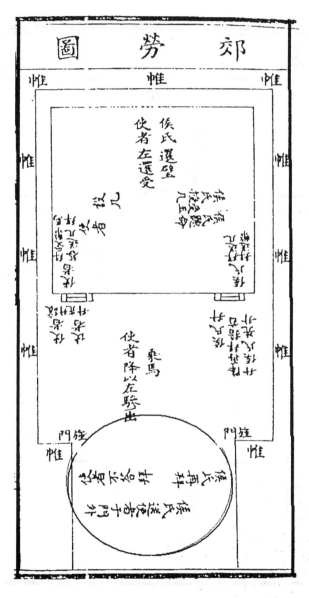

附圖 2-9：〈覲禮〉王使人勞侯氏，迎于帷門之外。

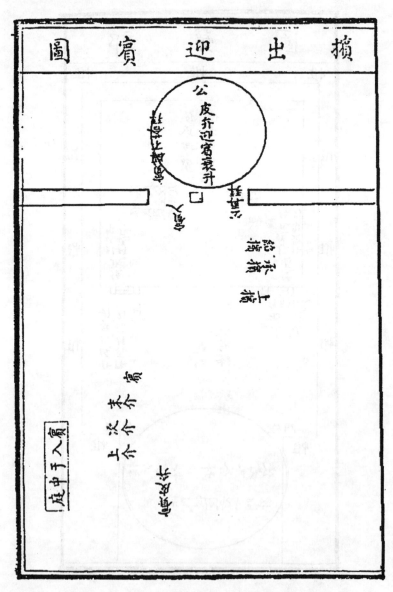

附圖2-10：〈聘禮〉賓皮弁聘，公皮弁迎賓于大門內。

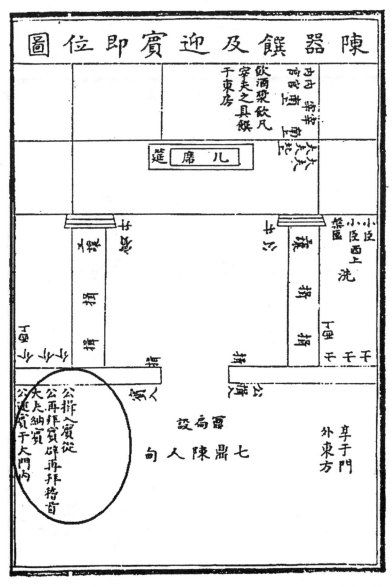

附圖 2-11：〈公食大夫禮〉賓朝服，即位于大門外，如聘；公如賓服，迎
　　　　　賓于大門內。

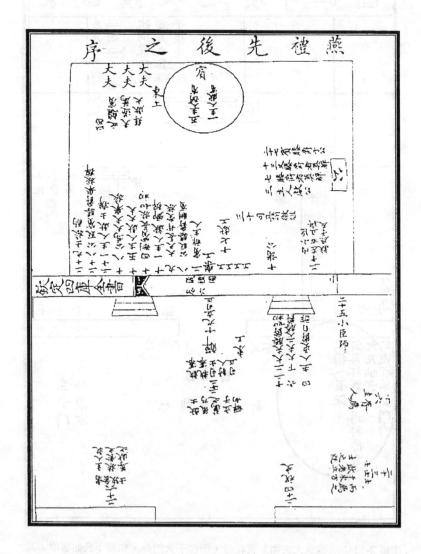

附圖 2-12：〈燕禮記〉若無四方之賓燕，則公迎于大門內。

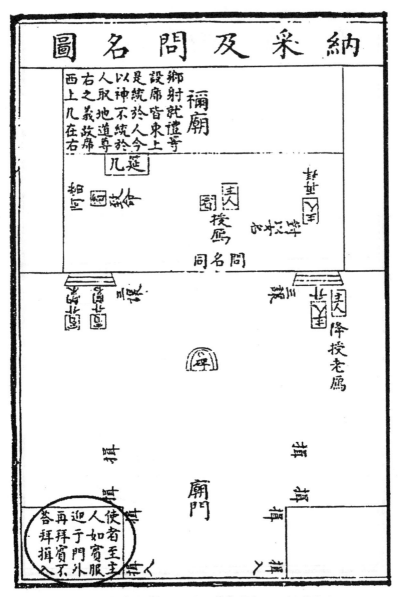

附圖2-13：〈士昏禮〉納采，使者至，主人「迎于門外」。

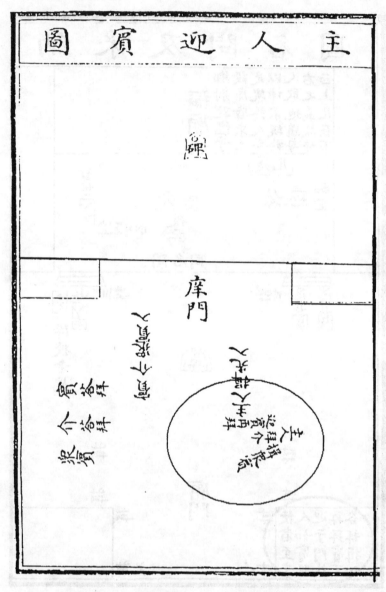

附圖 2-14：〈鄉飲酒義〉主人拜迎賓于庠門之外。

關於方位的第二組是「左、右」之別，如：

- 〈鄉飲酒禮〉賓厭介，入門左，介厭眾賓入，眾賓皆入門左。
- 〈鄉射禮〉賓厭眾賓，眾賓皆入門左。
- 〈聘禮〉賓入門左。
- 〈公食大夫禮〉大夫納賓，賓入門左。卒食，賓入門左。是入門，賓皆入自左也。
- 〈士相見禮〉主人揖，入門右。
- 〈有司徹〉主人揖，先入門右
- 〈士冠禮〉迎賓，主人與賓揖，先入。
- 〈士昏禮〉納采，主人迎賓，揖入。
- 〈鄉射禮〉賓至，主人以賓揖，先入。

　　如上所舉之《儀禮》原典，其共同點皆與「主賓向位」有關，淩廷堪便將其歸納為一條，曰：「凡入門，賓入自左，主人入自右，皆主人先入」，如是，尊卑立明。其他與賓主向位有關者尚有「凡以臣禮見者，則入門右」。[30]「凡入門，將右曲，揖；北面曲，揖；當碑，揖，謂之三揖」[31]等四條。

　　2. 向位之別：向位分為東、西、南、北向，淩廷堪將《儀禮》中凡與向位相關的條例歸於一類，如：

凡門外之拜皆東西面，堂上之拜皆北面。[32]

淩廷堪案：

- 〈士冠禮〉宿賓，賓如主人服，出門左，西面再拜。主人東面答拜。又賓至，主人迎，出門左，西面再

拜。賓答拜。

- 〈特牲饋食禮〉宿尸，尸如主人服，出門左，西面。主人辟，皆東面，北上。主人再拜，尸答拜。
- 〈士昏禮〉婦見舅姑，升進，北面拜。
- 〈有司徹〉尸酢三獻，尸升筵西拜受觶，賓東面答拜。
- 〈士昏禮〉親迎，主人玄端迎於門內，西面再拜，賓東面答拜（參見附圖2-15）。[33]
- 〈鄉飲酒禮〉拜至，「主人阼階上當楣北面再拜，賓西階上當楣北面答拜」。
- 〈鄉射禮〉旅酬，「主人阼階上北面拜」。
- 〈燕禮〉「主人升自西階，賓右北面至再拜」。
- 〈聘禮〉賓致命，「公左旋北鄉，擯者進，公當楣再拜」。[34]

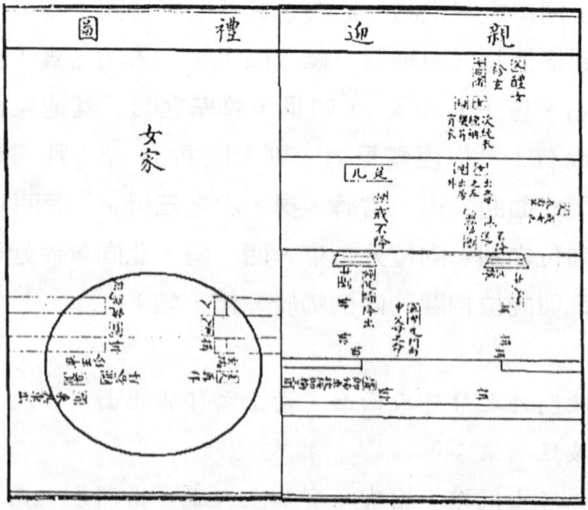

附圖2-15：〈士昏禮〉親迎，主人玄端迎于門內，西面再拜，賓東面答拜。

凡種種《儀禮》中與「向位」相關的禮例，淩廷堪則將其歸為一例，曰「凡門外之拜皆東西面，堂上之拜皆北面」，如此便讓尊卑判然，倫理別異一目瞭然。足見淩廷堪對《儀禮》禮例的貫串與整理，讓後之研究《儀禮》者能對散落於各章節之禮例，迅速得以瞭然。

　　《禮經釋例》中所列舉的論題，在十三卷中，共考述了二百四十二例，在各個單獨禮例的考述中，均可視為一獨立論題，後之治禮學者常援用《禮經釋例》的論題加以探討，如胡培翬的《儀禮正義》便引述頗多。陳澧《東塾讀書記》中，也對《禮經釋例》之「以例釋禮」與「以禮解經」的成就，大加引述與申論。在清末，黃以周著《禮書通故》，在體例上雖採取綱目、通考形式，但在內容名目上卻是由淩廷堪所列的八例中增至五十項，在其序文中，自勉以「按文究例，經生之功，實事求是，通儒之學」。[35] 他於論題、解經方法，明顯的對《禮經釋例》有所繼承，淩廷堪所立下的釋例論題，讓後儒有得以深化。[36]

第二節　親親與尊尊的抉擇

　　淩廷堪對於「親親」、「尊尊」的議題，於《禮經釋例》卷八〈變例〉後附錄有〈封建尊尊服制考〉，引《中庸‧哀公問政》之言：

> 仁者，人也，親親為大；義者，宜也，尊尊為大。親親之殺、尊尊之等，禮所生也。[37]

又引《禮記‧大傳》服術有六：一曰親親、二曰尊尊、三曰名、四約出入、五曰長幼、六曰從服。[38] 引《鄭注》云：術猶道也，親親，父母為首，尊尊，君為首。[39] 說明了制禮之本，所謂仁，就是愛人，其中親愛自己的親人是最重要地，所謂義，就是做合宜的事，其中更以尊重賢人為最重要。[40] 然而這裡的親親卻是有是有等差的，與自身血緣關係越近者越親，所以父輩最親，越往上推，其親越減，推到先祖當然是親親之最輕了。同樣的，尊尊之義中的尊重賢人也有等差，越遠的先祖在締造家族上最有貢獻，所以最尊，這樣往下一代代遞減，到了父輩當然是尊尊之最輕了。由此可見，親親以「仁」為基礎，為人類最基本的血緣情感。尊尊以「義」為基礎，是經過裁斷的人我關係。

親親、尊尊是喪服中乃至整個禮制中的精髓，[41]「尊尊」是由上下尊卑的等差安排，重視「分」的觀念；「親親」以血緣情感維繫家族、宗族的人倫關係，重視「合」的觀念。凌廷堪之〈封建尊尊服制考〉，試圖透過「喪服」之制來詮釋「尊尊」的觀念。這點倒是與《禮記》的基本精神是一脈相承的。在「三禮」中《儀禮》有「士喪禮」、「既夕禮」兩篇尊禮喪葬過程，「喪服」與無服制；《周禮》中「家人」、「墓大夫」、「職喪」、「喪祝」、「夏采」是專門治喪事之官。《禮記》中「喪服小記」、「大傳」、「雜記」、「喪大記」、「問表」、「服問」、「問傳」、「三年問」、「喪服四制」都是專門關於喪禮的討論，這些篇章大致佔據了禮記四分之一的內容，由此可見，三禮中喪禮所佔有的比率頗大，可見儒家重視喪禮之程度。

凌廷堪首先對照《禮記》中的概念引以說明，表明自己的

宗法觀。在《禮經釋例》的序文中說出他之所以作〈封建尊尊服制考〉之由：

> 自漢以來，說者雖多，由不名尊尊之旨，故罕得經義。
> 乃為〈封建尊尊服制考〉一篇，附於變例之後。[42]

可見他對於當時的學者，對於尊尊的解釋上，有異議，因此認為它們是罕得經義。於〈封建尊尊服制考〉更直指：

> 宋以後儒者，因陋生妄，于其所不知，輒以己意衡量聖
> 人，由是說喪服者日益多，而禮意日益晦，心竊惑焉，
> 僅取經與傳言尊尊之義者，別輯為一篇，名約〈封建
> 尊尊服制考〉。[43]

其實歷代研究禮經者眾，從鄭玄為《儀禮》作注，朱熹作《儀禮經傳通解》，清代禮學昌盛，人才輩出，碩果纍纍，如清初張爾岐《儀禮鄭注句讀》，便是在朱熹《儀禮經傳通解》基礎上，解決了儀禮的分節、句讀問題，注釋全錄《鄭注》，略加己意，簡要明白。但是對於繁瑣的儀禮，卻要至淩廷堪《禮經釋例》出，才將這些凡例分類歸納，反覆比較，讓人易懂。於此，淩廷堪釐清了「尊尊」與「尊君」的差異，也重新審斷「父尊」與「母親」的關係。

　　淩廷堪據《儀禮・喪服》所言應服「斬衰三年」之最重喪服者有八種情形：諸侯為天子，大夫為君，子為父，女子在室為父，父為長子，為人後者，妻為夫，妾為君。〈喪服〉於「傳」中解釋其原因，都說是至尊，其中除了君臣關係、父子

關係、夫婦關係外，大夫為君、父為長子、為人後者這三類型則別有深意，因此需要加以詮釋。

　　「親、尊」衝突可分成兩類：一是家族內部的「父系」與「母系」之爭；另一則是政治上的「君系」與家族內的「父系」之爭，對於親親、尊尊的抉擇，凌廷堪為了釐清「尊尊」與「尊君」的差異，也重新審斷「父尊」與「母親」的關係。他批評宋儒的尊尊說是因陋生妄，於其所不知，以己意衡量聖人，於〈封建尊尊服制考〉中言：

> 所謂「尊尊」者，皆封建之服。何休所謂質家親親，文家尊尊，是也。先王制禮，合封建而言之，故親親與尊尊並重。

「尊尊」之義是透過《儀禮‧喪服》篇來詮釋。因此，在傳統的經傳註解中，論及〈喪服〉篇旨，理應以親親之殺為主的服喪制度，而禮學學者，轉而以尊尊之義來解釋，凌廷堪也未例外，更強調其間的尊尊含意，捨「血緣」與「親疏」關係來制定喪服的標準，轉而由繼統之義作為制定喪服的標準，除了人倫關係的考量外，更將之擴充為政治關係來討論，明確的把「尊尊」和「封建」扣在一起解釋，再佐以《禮記》所言提出辨正，為此，凌廷堪舉例說明如下：

一、為「繼母、慈母」宜服何服

　　凌廷堪〈封建尊尊服制考〉解釋「繼母如母」、「慈母如母」時，引《儀禮‧喪服》說：「繼母何以為母？繼母之配

父，與因母同，故孝子不敢殊也」，[44] 繼母是與父親的婚配關係與親母相同，因此孝子不敢兩樣對待。而「慈母」是指有妾無子，有妾生子喪母，於是父親對將「無母之子」交予「無子之妾」。由於繼母與慈母皆具養育之恩，因此對於繼母與慈母當服喪三年，淩廷堪舉史事為例說明：

東晉哀帝：東晉哀帝（341～365）生母章皇太妃周氏卒，哀帝欲服重服。尚書僕射反對，言：「先王制禮，應在緦服」，[45] 哀帝不從，遂起爭議。據《晉書》所載，這一段史事相當曲折，首先，哀帝是成帝的長子，被封為狼耶王。成帝崩，狼耶王尚在沖齡未能主政，遂由成帝之弟即位，即為康帝。康帝崩，傳位其子，即為穆帝，直至穆帝崩才將大位歸正於狼耶王，是為哀帝，[46] 哀帝既繼大統，[47] 便立即詔崇生母為章皇太妃，將之視同太后，連服儀皆與太后同。豈料，周氏卒，哀帝欲服重服，以報親恩，卻遭尚書僕射反對，所持的根據是皇太妃與成帝的婚姻關係中，周氏僅是成帝的「貴人」，而非「嫡人」，若依禮只能稱為太妃，不能稱為太后，因此服制也只能服「緦服」（五禮中最輕者）。哀帝甚怒，反駁說雖不得重服三年亦得一年，遂下詔服「期」。殊料，尚書僕射仍然反對，責備哀帝此舉是自伸私親、枉顧服制，建議哀帝「厭屈私情，所以上嚴祖考。」哀帝不得已，只得服「緦麻三月」。喪母之痛、尊母之情，終未得伸。[48] 哀帝雖想推崇生母，不難看出「母以子貴」的禮制原則，但這一個原則甚至到了明代仍無法轉變，淩廷堪認為這個關鍵，宋儒須付極大的責任，宋儒對於禮經的確是有所偏廢，朱子曾說：

禮學多不可考，蓋其為書不全，考來考去，考得更沒下

梢，故禮學多迂闊。[49]

因為宋儒的經說，未將之做正確的考證，甚至對「母以子貴」之禮予以否定。尤其是這段禮，到了胡安國竟然全變成「僭嫡、賤父、卑身、失位、亂禮之甚」，胡安國認為這是亂天理，也就是失禮，既然不合禮就是亂天理，而天理和禮就是他觀念中嚴判的「嫡」、「妾」身分。無怪乎後人批評宋儒治經最大的特色是「疑經」、「廢注」、「以理解經」，凡是以理解釋不通的經傳，便開始懷疑經文本身的錯誤，進而改經、刪增經文，另作新詮。

東晉安帝：東晉安帝（382～418）之母，孝武文李太后，本出微賤。始簡文帝為會稽王，有三子，俱夭。自道生廢黜，獻王早世，其後諸姬絕孕將十年。帝令卜者扈謙筮之，曰「後房中有一女，當育二貴男，其一終盛晉室」。時徐貴人生新安公主，以德美見寵。帝常冀之有娠，而彌年無子，恰巧有個道士許邁，朝臣時望多稱其得道。帝從容問焉，答曰：邁是好山水人，本無道術，斯事豈所能判！但殿下德厚慶深，宜隆奕世之緒，當從扈謙之言，以存廣接之道。帝然之，更加採納。又數年無子，乃令善相者召諸愛妾而示之，皆云非其人，又悉以諸婢媵示焉。時後為宮人，在織坊中，形長而色黑，宮人皆謂之昆侖。既至，相者驚云：「此其人也」。帝以大計，召之侍寢。後數夢兩龍枕膝，日月入懷，意以為吉祥，向儕類說之，帝聞而異焉，遂生孝武帝及會稽文孝王、鄱陽長公主。及孝武帝初即位，尊為淑妃。太元三年，進為貴人，九年，又進為夫人。十二年，加為皇太妃，儀服一同太后。十九年，會稽王道子啟：「母以子貴，慶厚禮崇」。八月辛巳，帝臨軒，遣

兼太保劉耽尊為皇太后，稱崇訓宮。

安帝即位，尊為太皇太后。隆安四年，孝武太皇太后李氏崩，群禮臣議論喪服，左僕射何澄、右僕射王雅、尚書車胤、孔安國、祠部郎徐廣等議曰：「太皇太后名位允正，體同皇極，理制備盡，情禮兼申。《陽秋》之義，母以子貴，既稱夫人，禮服從正。故成風顯夫人之號，文公服三年之喪。子於父母之所生，體尊義重。且禮祖不厭孫，固宜追服無屈，而緣情立制。若嫌明文不存，則疑斯從重，謂應同于為祖母後齊衰三年。」從之。皇后及百官皆服齊衰期，為永安皇后舉哀。於是設廬於西堂，凶儀施於神獸門，葬修平陵，神主祔於宣太后廟。[50] 李氏的身分卑微，而且只是安帝祖父的「宮人」，但是安帝的父親孝武帝曾依臣子建議「母以子貴」詔加為皇太妃，皇太后，安帝即位後，又尊為太皇太后，而今面對「姜祖母」之喪，群臣商議後決定既稱夫人，禮服自然應該從正。故參照《春秋》成風顯夫人之前例，文公當為祖母服齊衰三年，皇后及百官皆服齊衰期年。從這個例子中淩廷堪完全反駁了胡安國所言，而使禮義「私尊得伸」。

至於「嫡庶」之意，淩廷堪曾就「妾」的身分問題，提出詳盡的說明與考證。「妾」的地位既不同於繼母，也未受父命，因此妾之子對生母的喪服是否如前所述的「尊得伸也」，而得在父卒後服齊衰三年，他又曰：父卒則為母，兼所生母而言者也。這一句除了可以對前所述「為母」的定義在於母子血緣關係上外，也對於該女無論是父之正室、父之繼室、[51] 父命之慈母、[52] 父之妾，一律適用的妾之身分做了認定。他極力分析歸納出喪服雖未言卻已明示的妾母地位，引〈齊衰期年章〉「父在為母」，說這是「適母」，因為父在不敢伸「私尊」。

[53]而這裡所言之母，當然包括父之「妾」，因此，妾之子在父歿後亦得伸其私親，為生母服齊衰三年，更何況父親在時，因為父親之爵位有諸侯、大夫、士等政治地位的差異，所以為母服也有差異，一旦父親過世，政治身分不存在，則子為生母之服當然可以伸為齊衰三年。

凌廷堪討論「妾子為母」，其實是想證明宋明的經注與禮制，正如他在〈封建尊尊服制考〉中所言的宋以後儒者，因陋生妄，於其所不知，輒以己意衡量聖人，由是說喪服者日益多，而禮意日益晦，足見凌廷堪欲落實禮義企圖。

二、過繼子為其生父母宜服何服

過繼子是《儀禮》記載中之「為人後者」，而《儀禮》中「為人後者為其父母」之服，說是「報」，「報」是一年之喪。「為人後者」，在禮制中是一特殊身分，只要是同宗之子都可為後，在古代封建社會中，「無後」是件大事，無後意指宗廟、土地、爵位、和族人管轄權將無人繼承。所以若是大宗無子，則同宗「支子」可過繼大宗為後，使大宗不絕，這個被過繼者便是「為人後者」，他因為改變了原來的身分，因而喪服結構也須跟著改變。又因為此時的身分權責已被視同如大宗之嫡子，因此在「承重」的「尊尊」之義下，必須為「所為後者」服斬衰三年之最重喪服。而禮制中尊親斷制最精細的議題，莫過於「為母服」。

〈傳〉所云「受重者」，所受宗廟、土地、爵位、人民之重也。唯封建始有之。即上〈傳〉之傳重也。[54]

　　按《儀禮》為母服有兩種情形：父在，為母齊衰一年，父
歿則為母齊衰三年，何以父在時則屈降母服，據〈喪服〉的解
釋是因為「至尊在，不敢伸其私尊，父必三年然後娶，達子之
志也」。[55] 何謂「母」？是人子之生母，還是父親之正室？
《儀禮》既解釋為「父卒則為母，兼所生母而言者也」。所謂
「兼所生母而言者」，明確地把母親地地位作了最簡潔地確認，
他「為母」的定義在於母子血緣關係上若再回歸到喪禮制定的
最初用意，從《禮記‧喪服小記》中，可見出喪禮的「親親尊
尊」為人道之最重要原則。

　　　　親親尊尊長長，男女有別，人道之大者也。[56]

指出喪服的原則，以親疏尊卑為喪期多寡的考量，這種親尊的
意識滲入人們各種生活禮儀當中，尤其是喪葬禮儀和喪服制度
的重大事件，這一文化模式塑造了人倫觀以及社會價值，進而
促使奠基於「親所當親、尊所當尊」的中國文化。

　　因此凌廷堪於〈封建尊尊服制考〉反對將「為人後者為其
父母，報」，他認為依《儀禮》之意，嫡庶之別，也著眼於
「傳重」之別，因此，凌廷堪認為，傳之所受於大宗之宗廟、
土地、爵位、人民之重也。於前則曰受，於後則曰持。這都是
受於天子諸侯的，非無形之物。有重可持，也並非唯有諸「子」
可以為諸父之後，「孫」也可以為祖之後，弟也可以為兄之
後，兄亦可以為弟之後，經、傳斑斑可考。只是封建既廢，無
重可傳，不過蚩蚩之氓，志在財帛而已。陋儒仿古，乃有以少
子為長子之後者，竟不知持重為何事？凌廷堪重申大宗與小
宗：「有宗廟、土地、爵位、人民，方謂之大宗」。[57] 天子以

別子為諸侯，其世為諸侯者，仍是大宗；卿以別子為大夫，其世為大夫者，也是大宗，這裡對於過繼子的身分提升為大宗，於是考繼別子者，百世不遷為大宗，有重可傳者也，肯定了大宗的地位。

　　凌廷堪接著分析，哀帝尊崇生母，正是《禮記》中的「為人後」，哀帝是承穆帝之後，他們的身分早已是「為大宗後」，依禮，「為人後者為其父母，報」，所以哀帝欲降服母喪是正確的，而且其「私親得伸」，其實這也正是禮學思想的兩個深層意義：「合於時、本於情」。從儒家喪禮來看，所謂的適用原則是依當事人的身分來制定，若一旦身分發生轉移，其所適用的服制也要跟著轉移，此即「視具體事件而定」，東晉哀帝雖然生母只是個貴人，其外祖母屬於「庶子」，然而，當他繼大統登基後身分已經轉為大宗之後，等同於宗子，相對的禮制應該也改從大宗，故生母之喪，當然可依「私親得伸」服齊衰三年，這是「合於時」的變通。另一種情況是當親親尊尊失去平衡性時，尊尊建立在親親之上，時勢改變，私尊可伸，私親也可伸，完全視具體事件而定，這時便要考慮「本於情」的必要性。

　　凌廷堪認為《儀禮》中主張過繼子為自己的父母服喪一年，是基於不可並行兩次斬衰之服，因為在大宗主持宗廟祭祀的人，只能降低對小宗服喪，對於生父則不服三年，這是站在「尊尊」的立場上看，若以「親親」的立場來說，為父母本就該服喪三年，因此這正是「親親」與「尊尊」的抉擇。

　　禮制用以明定親疏，顯然具有倫理的普遍性，而用以釐定親疏貴賤，等差秩序，便是「親親尊尊」的精神。親親源於血緣情感，以血緣情感維繫家族、宗族的人倫關係，尊尊基於理

智的合宜，由上下尊卑的等差安排，糾合個體與群體的社會關係。淩廷堪主張在各種禮儀中，以「親親」為原則，由「親親」的主關性血緣關係，向外再推拓出「尊尊」的客觀法度。

第三節 《禮經釋例》的學術特色與影響

《禮經釋例》建立了一種創新的研究體系，對於《儀禮》之例重取舊曷，證以群經，合則取之，離者置之，信者申之，疑者闕之，將原為十七篇之《儀禮》重新打散，分為八類，此前所未見者。後人研究《儀禮》，甚或驗證各家對《儀禮》的解釋，皆有極重要的價值。

一、「禮義」之落實

中國古代的禮文化，以「禮治」為中心，由「禮制」、「禮儀」、「禮教」、「禮學」、「禮器」等若干層面的內容融滙而成。禮學又指禮法、禮義之學，其中，禮法是行為之章法，禮義為禮法所暗含之理念，二者相為表裡，淩廷堪認為禮義為制禮之意旨，禮在儀文節式上有繁簡直殺之異，何時當繁？何時當簡？其取捨標準就「義」。所以他說：「禮之為尊，尊其義也」，只要掌握住禮義，不只能評斷是非，更可以據其義以制定新禮，尤其是國家、人倫之間，無禮則一切制度皆失其依據。禮的意義，至少是宜乎履行的，禮樂之道，不僅在儀文形式，而是實踐。此外，禮必須要合乎道理，宋儒將禮訓為理，這是淩廷堪所不能接受的，他認為人的行為合乎道理，就是禮，從人的日常生活中諸如婚、喪、葬、祭、等各種儀式中實

踐禮。最重要的禮還要合乎人情，不體人情，施行便難免窒礙，禮必須合於人情人欲．正如《禮記》說：飲食男女，人之大欲存焉，死亡貧苦，人之大惡存焉，故欲惡者，心之大端也，美惡皆在其心，不見其色也，欲一以窮之，舍禮何以哉？[58] 用體乎人情的禮，才能窮探人情。

凌廷堪極重視服制的問題，除前一節所談的「繼母、慈母宜何服」、「過繼子宜和服外」，對於女子雖已出嫁，但她由於血緣是無法改變的事實，遇娘家之喪仍須嚴守《儀禮》之規定。

二、特重喪禮，多發明之例

以諸多古禮而言，凌廷堪最重「喪禮」，他認為諸多禮中，大多一日即畢，唯有喪禮長達三年，儀節曲折，不勝其繁，因此其中深意可見一斑。喪禮自始死至葬，祭祀頻仍，因其時不立尸，祭品奠祭於地，故概稱奠祭。既葬之後，方以虞易奠。祭奠有小殮奠、大殮奠、遷柩奠、祖奠等之別，設奠之處頗有不同，這其中原因，凌廷堪歸納為：「大殮以後奠於室者，既殯，則以鬼神之禮事之矣。還柩以後，奠於柩者，蓋柩既離殯宮，則奠宜從柩，不能復設於殯宮之室也。」

如「用牲」之處，凌廷堪於牲體之用，或用右胖，或用左胖，視禮之性質而定，他歸納出〈鄉飲酒記〉：賓俎、主人俎、介俎，皆用右體；〈鄉射記〉賓俎、主人俎，亦用右體。再據〈既夕禮〉大遣奠陳鼎，羊、豕均用左胖，〈士虞禮〉虞也用左胖，知喪禮反吉，用左胖，於是凌廷堪將這些共通點歸納而得其例：「凡牲皆用右胖，唯變禮反吉，用左胖」。[59]

又「凡凶事無洗，或設盥於堂下，或設盥於門外」。[60] 淩廷堪特別注意到了〈士喪禮〉：「將小斂，饌于東堂下」，設「盥于饌東，有巾」，又將大斂，「祝、徹盥于門外」。〈既夕禮〉請啟期後，「設盥于祖廟門外」對於這樣的發明，是《禮經釋例》的一大創舉，嘉惠後學良多。

三、推求省文，勘定《儀禮》訛誤

《儀禮》始作，為求文字簡潔，行文多有省略，若不洞悉其例，則每逢省簡之處則茫然失措，不知禮知所至。淩廷堪之《禮經釋例》特重於文字的推求，將省略的文字一一還原，如〈特牲饋食禮〉中說：

> 筮人，東面受命於主人，宰自主人之左贊命，筮者許諾，還，即席，西面。[61]

這是古禮中的特牲饋食禮儀，指受祭者的子孫及主祭者的親屬於卜筮祭日時，得到卜筮者的允諾，轉身回到原位，入席，面向西坐下開始卜卦，此時的筮者有清楚的規定是「坐」而卜筮，而〈士喪禮〉云：

> 筮人許諾，不述命，右還，指中封面筮，[62] 卦者在左。[63]

古代喪禮中，用卜筮來選擇死者葬地的禮儀，筮者應諾，不再複述筮命，向右轉身，面向北，指墓地中央土堆進行卜筮，而這裡卻沒說筮者是坐或立，令後人難解，淩廷堪於《禮經釋例》

卷十三雜例中有「凡筵，士坐筵，卿大夫立筵」條，[64]他根據〈特牲饋食禮〉與〈士冠禮〉所記載之筵，而知凡士筵皆坐，大夫筵皆立，再根據三正記所著之長度，為天子九尺，諸侯七尺，大夫五尺，士三尺，卿大夫之著長，以立筵為便，士之短，以坐筵為便。[65]故凌廷堪云：

> 士喪禮筵宅，但云筵人北面指中封而筵，不云坐立，此是士禮，當亦是坐筵也。[66]

如此一來，便把立筵、坐筵的規則清楚界定了。

由於《儀禮》的版刻，文字多誤，秦火以後，傳自西漢高堂生，其存經傳之遺文，識三代之聲名文物，以見聖人之大經大法，惜乎，《儀禮》文古義奧，世儒傳習較少，[67]因此，篇數多有殘缺，各家篇次也有所不同，[68]朱熹《儀禮經傳通解》即屢見訛「席」為「序」、「嘗」為「常」之類，因傳習者稀少，雖屢經校訂，訛誤之處，仍然不少，[69]以往學者多以對校為主，輔之以意理推斷，而是非得失，往往難以定奪。凌廷堪用其所定的《禮經釋例》之例而訂正誤字，如〈燕禮〉主人盥洗一節，「賓降筵，北面答拜。」賈疏以賓受獻訖，立於序內，未有升筵之事，斷定「降筵」兩字必誤，然卻不敢肯定。今若用《禮經釋例》加以檢閱，可知大射之前為燕禮，故此盥洗節經文與〈大射〉相校，幾乎完全相同，唯「賓降筵」三字異，〈大射〉作「西階上」。而「賓降筵」注與〈大射〉略同，無降筵之說，可見鄭氏所據經文本作「西階上」三字，證明了賈疏的論點是正確的，[70]關於這一點，凌廷堪在《文集》中，也作文辨正。[71]

再如〈少牢餽食禮〉主人初獻，尸左執角，右取肝，擩於俎鹽，振祭，嚌之，「加於菹豆」；而〈士虞禮〉主人初獻後，尸左執爵，右取肝，擩鹽，振祭，嚌之，「加以俎」。同為主人初獻〈少牢餽食禮〉是「加於菹豆」，而〈士虞禮〉是「加以俎」，〈少牢餽食禮〉為諸侯之卿大夫祭祀其祖禰於廟的禮儀，菹是一種菜，可當作祭品，而「加以俎」代表尸以肝加以俎，恐怕說不通。淩廷堪《禮經釋例》便將〈特牲〉、〈少牢〉經文校〈士虞〉後，得出了「俎字恐是菹字之誤，蓋加於菹即豆也」，[72] 於此，對《儀禮》原典之訛誤，便作了考訂。

此外，淩廷堪也對敖繼公《儀禮集說》的訛誤做了訂正。敖繼公為元代著名禮學家，著有《儀禮集說》十七卷。〈序〉中嘗自述撰著方法與體例，以舊注為根柢，提出駁議；稱鄭康成注「疵多而醇少」，書中批駁、增改鄭注之觸目皆是，他強調回復古經，並以禮義為主，可說是以注疏為根柢，辨析其間得失。清末學者皮錫瑞云：「漢學至鄭君而集大成，於是鄭學行數百年；宋學至朱子而集大成，於是朱學行數百年。」[73] 敖繼公之禮學，雖值元代之積衰，卻仍能在「禮是實學」的立場上，綜理鄭學、朱學，釐清疑義，說釋典籍。

明、清兩代學者對敖氏禮學的重視，表現在徵引、回顧其禮學問題的考辨甚多，成為當時《儀禮》研究的主流。自明代學者郝敬撰《儀禮節解》，清初姚際恆撰《儀禮通論》，即多方徵引稱頌，清初納蘭性德編纂《通志堂經解》，在《儀禮集說·序》中仍致推崇之意，至乾隆年間敕撰三《禮》義疏，三禮館臣亦推舉敖氏禮說。[74] 淩廷堪對敖繼公《儀禮集說》中的訛誤多所駁正。如〈少牢餽食禮〉左食遷肵俎於阼階西節，有「脊脅肺肩在上」，淩廷堪案禮之通例，肩骨體不當列於肺

之下，因此，「肩」字應當是「胃」之誤，他明白宣示「不使
敖繼公臆為增改者闌人」。[75] 又如，〈喪服〉云：

> 公之庶兄弟、大夫之庶子為母、妻、昆弟。〈傳〉曰：
> 「何以大功也？先君餘尊之所厭，不得過大功也。大夫
> 之庶子，則從乎大夫而降也。父之所不降，子亦不敢降
> 也[76]」。

依照《儀禮》的本意，諸侯的庶兄弟，大夫的庶子為母、妻、
子、兄弟，要服「大功」，先君餘尊所壓抑，所以喪服不得超
過大功；而大夫的庶子，則因為大夫降服，亦隨之而降，如果
父不降服，子也不敢降服。關於這一節，鄭注：言從乎大夫而
降，則於父卒如國人也。昆弟，庶昆弟也。舊讀昆弟在下。其
所厭降之意，宜蒙此傳也。是以上而同之，父所不降，謂適
也。〈喪服傳〉云：「餘尊所厭」，鄭氏無注，敖繼公認為是
死者為父尊所厭，凌廷堪卻指出敖氏不知尊尊之義，「公之庶
兄弟，其父雖卒，而適子尚為諸侯，是先君之餘尊猶在，故為
所厭，不得伸也」，才會做了謬誤之解。

四、貫通群經

凌廷堪為學推求本經，凡是必求證於古書，且不以一經為
滿足，往往相較群經，取其異同，相為校籌，提出辨正，《禮
經釋例》正文各卷之後，大多附有專文：通例附〈周官九拜
解〉、〈周官九祭解〉；飲食之例附〈周官九祭解〉，〈儀禮釋
牲〉上、下兩篇。賓客之例附〈覲義〉；射例附〈周官‧鄉射

五物考〉、〈射禮數獲即古算位說〉；變例附有〈封建尊尊服制考〉；祭例附〈詩楚茨考〉；器服之例附〈論語黃衣狐裘考〉，這些專文本出於古之經書，凌廷堪立專文以辨，對於前人所未發者加以解釋，抑或前人之注有誤者則加以辨正。次外，於釋《儀禮》之例時，凌廷堪亦加以對照，指出當中或有誤者，由於所取之經幾乎遍及歷代群經，是故讀《禮經釋例》隨處可見其貫通於群經之處。

《詩經》：凌廷堪於《禮經釋例‧祭例》之後附有〈詩楚茨考〉一篇。〈詩楚茨考〉為〈小雅〉之篇章，凌廷堪將之與〈少牢饋食禮〉對讀，認為兩者所言為一事，即「王朝卿大夫之祭禮」。原文為：

> 楚楚者茨，言抽其棘。自昔何為？我藝黍稷。
> 我黍與與，我稷翼翼。我倉既盈，我庾維億。
> 以為酒食，以享以祀。以妥以侑，以介景福。
> 濟濟蹌蹌，絜爾牛羊。以往烝嘗，或剝或亨。
> 或肆或將，祝祭於祊。祀事孔明，先祖是皇。
> 神保是饗，孝孫有慶。報以介福，萬壽無疆。
> 執爨踖踖，為俎孔碩。或燔或炙，君婦莫莫。
> 為豆孔庶，為賓為客。獻酬交錯，禮儀卒度。
> 笑語卒獲，神保是格。報以介福，萬壽攸酢。
> 我孔熯矣，式禮莫愆。工祝致告，徂賚孝孫。
> 苾芬孝祀，神嗜飲食。卜爾百福，如幾如式。
> 既齊既稷，既匡既敕。永錫爾極，時萬時億。
> 禮儀既備，鍾鼓既戒。孝孫徂位，工祝致告。
> 神具醉止，皇尸載起。鍾鼓送尸，神保聿歸。

> 諸宰君婦，廢徹不遲。諸父兄弟，備言燕私。
>
> 樂具入奏，以綏後祿。爾殽既將，莫怨具慶。
>
> 既醉既飽，小大稽首。神嗜飲食，使君壽考。

　　凌廷堪將〈小雅〉與〈少牢饋食禮〉之儀節一一對應，如：「以為酒食，以享以祀。以妥以侑。」「食」即〈少牢饋食禮〉之尸入十一飯，「酒」即卒食約獻祭，「享祀」即尸未入之前的陰厭，「妥」即尸入升筵，祝與主人皆拜妥尸，「侑」即尸七飯後告飽，祝侑，尸八飯後告飽，主人侑。他將《詩經‧楚茨》的六章內容，都一一加以對應，貫通起來，讓人讀之耳目一新。

　　《周官》：以飲食之例所附錄的〈周官九祭解〉為例，九祭為《周官‧大祝》之祭，是指：命祭、衍祭、炮祭、周祭、振祭、擩祭、絕祭、繚祭、共祭。凌廷堪在每一祭之下，皆解釋其次第之由，從《禮經》的立場來看，在祭禮儀節的程序與設置上，九祭所涉及的獻祭祭品皆有所不同，凌廷堪於〈周官九祭解〉中，便將九種祭加以釐清整理，將《鄭注》中祭禮用牲、祭食之義，歸納其象徵義、結合整體儀式儀節，提供了解釋九種祭食的原則與方法。

　　以「九拜」為例，《周官》「九拜」之名目內容及適用場合，向來是學者解經時首要提出詮釋的項目，凌廷堪將《周官‧大宗伯下‧大祝》「辨九拜」的名義予以考據解說。這九種拜禮，正是日常禮儀中普遍遇到的儀節，因此，九種不同性質、不同之運用場合，或是動作有異的拜式，均列於期間，者九種儀節為：

> 一曰稽首，二曰頓首，三曰空首，四曰振動，五曰吉
> 拜，六曰凶拜，七曰奇拜，八曰褒拜，九曰肅拜。[77]

　　淩廷堪對以上九種拜禮，從系統的觀點出發解釋其中的次
第及關係：

> 蓋稽首、頓首、空首三拜接吉事之拜也；振動、吉拜、
> 凶拜三拜皆凶事之拜也，六者以為之經也。奇拜、褒
> 拜，凡拜皆有之，二者以為之緯也。肅拜則專言婦人之
> 拜矣。此九拜之序也。[78]

他認為這九拜的次序並非採行同一標準而排列，而是先以「吉
凶」區分成前六項拜禮的名目，再以前六項為經，其後兩項為
緯，加上最後一項專以婦女的拜禮，而成為「九拜」。這裡提
出的以吉凶區分方式，為前人所未發，淩廷堪用他擅長的歸類
方式將這九種禮，加以「經緯」之論做系統化的分類，讓人易
明。

　　其次，在「九拜」中，最受爭議的是「振動」一項，淩廷
堪引鄭注杜子春云：「凶喪拜而後踊」。如果從儀容的施行順
序來講，完成一個拜禮程序，具有一定的分解動作。以「稽首」
為例，除「俯頭」的動作外，還要有「踊」的動作，分解動作
中，「拜」是主要動作，其他都屬於次要動作，這些次要動作
的施行與場合是有不同的規定的，淩廷堪從這一點將吉拜中的
「稽首」歸類於凶拜中的「振動」。

　　「九拜」考證的意義，除了依序考辨《儀禮》「拜」禮之名
目、禮容，及適合場合外，更藉拜禮之爭論焦點，從其相關節

文、器物的考訂中，發掘出足以闡釋禮意的部分，將《儀禮》
與《周官》予以貫通。

　　《論語》：《禮經釋例·器服之例》後附有〈論語黃衣狐
裘考〉一篇，這篇文章是凌廷堪的學生張其錦讀《詩經》後，
困於《論語》中「黃衣狐裘」之說法是否正確，而請教於師，
凌廷堪即引《論語·鄉黨》：「緇衣羔裘，素衣麑裘，黃衣狐
裘」，依照邢昺的解釋，緇衣為朝服，素衣為皮弁服，但是就
「黃衣狐裘」來說，《儀禮，特郊牲》中提到「黃衣黃冠而
祭，息田夫」照常理來判斷，凌廷堪認為是「不倫」的，又
《儀禮·士冠禮》：「陳冠服，爵弁服一也，皮弁服二也，玄
端三也」。[79]（參見附圖 2-16 爵弁服、皮弁服、玄端）

附圖 2-16：爵弁服、皮弁服、玄端。

　　凌廷堪再貫通於《儀禮・士喪禮》陳襲「服，爵弁服一也，皮弁服二也，褖衣三也。」賈疏褖衣則玄端又連衣裳，凌廷堪再貫通於《儀禮・士喪禮》「陳襲服，爵弁服一也，皮弁服二也，褖衣三也。」再者《周禮・思服》「凡兵事，韋弁服，一也；眠朝則皮弁服，二也；凡甸，冠弁服，三也」。韋弁服即爵弁服，冠弁服即朝服也。[80] 朝服緇衣為玄端朝服，為諸侯視內朝及卿、大夫、士之朝服，至於天子朝堂所服之皮弁服，其冠為皮弁，其服當為皮弁服。皮弁服以皮弁為冠，皮弁色白微黃，故衣裳皆為白色。皮弁服之制度，上衣用十五升白布，素繒緣邊；下裳以素，即白繒，腰中有摺襇，端衣裳制；朝服與祭服有別，祭服以絲，朝服以布，但裳皆用絲。在王朝或諸侯與臣視朔均服皮弁，皆白布衣、素裳，則何以別君臣？主要識別在於皮弁之綦飾，綦數多寡，尊卑有別，一目瞭然。「狐裘」為毛皮中最貴重者，故為貴族專用之皮裘，一般庶人不得服狐皮，狐裘之色，與衣相配，據禮書所言，狐白裘配皮弁服，為天子、諸侯朝服；狐黃裘配韋弁服，為軍服之裘，或為腊祭息民之祭服；狐青裘為玄端服之裘，從中對應，按照《論語》之意，淄衣羔裘，朝服也，素衣麑裘，皮弁服也，黃衣狐裘，韋弁服也，可知《周禮》、《儀禮》先爵弁服、後朝服者，自重而輕也。《論語》恰相反先朝服、後爵弁服者，是由輕而溯重，將這些古籍類比一番，自然能求知其義，於此，將《周禮》、《儀禮》、《論語》予以貫通。

　　《左傳》：《禮經釋例》：「凡君待以客禮，下拜則辭之，然後升成拜。」[81] 凌廷堪案：臣子與君行禮，皆拜於堂下，不辭，不升成拜，此全乎為臣者。若君以客禮待之，如〈燕禮〉、〈大射〉公舉媵爵，為賓舉旅行籌，賓降，西階下再

拜稽首。而以客禮待異國之臣也是一樣，有降拜然後升成拜者，有降而未拜即升拜者，有拜於堂上者。凌廷堪為對照自己的歸類為是，舉了二例為證，其一，《論語》：「拜下，禮也。」邢昺疏時也引用〈燕禮〉酬賓及〈覲禮〉賜車服二事為證。其二，《周官》諸公之臣，相為國客，即大夫郊勞，旅擯，三辭，拜辱，三讓，登聽命，下拜，登受。在此，是用「登」字，而鄭玄特別注為「登聽命，賓登堂也。」《左傳》：「僖公九年，王使宰孔賜齊侯，齊侯下拜，受之」，這當然也是同樣的禮制，是故《禮經》升堂之「升」，《左傳》皆作「登」，兩經實可貫通互用。

　　凌廷堪於《禮經釋例》中所歸之禮例凡二百四十六，對於每一例之考證，皆不遺餘力，對舉多家古注，矻矻十餘年，稿凡數易，無怪乎梁啟超說他是作法最科學，為禮學之一大創舉。

注　釋

1　附圖 2-1、2-2，據北京圖書館藏，清嘉慶十四年阮氏文選樓刻本影印，見於《續修四庫全書》，經部，第七十冊，頁 1、15。
2　見《校禮堂文集·禮經釋例序》（北京：中華書局，1998），卷二十六，頁 350。
3　《文集·與阮伯元孝廉書》，卷二十二，頁 315。
4　見凌廷堪《禮經釋例·通例一》（北京：中華書局，1998），卷一，頁 1。
5　同上書，頁 2。
6　以上三例分見《禮經釋例·飲食之例》，卷三，頁 63、65、80。
7　見《欽定四庫全書》，經部，第一〇四冊，頁 332。
8　以上三例分見《禮經釋例·賓客之例》，卷六，頁 147、151、159。
9　以上二例分見《禮經釋例·射例》，卷七，頁 179～180。
10　以上三例分見《禮經釋例·變例》，卷八，頁 206、213、227。
11　本篇命題方式是取開篇「既夕哭」三字之前二字為篇名，與全篇所述內

容無涉。

12　「虞」安也，指迎回死者的精氣即靈魂而安之也。

13　以上三例分見《禮經釋例・祭例上》，卷九，頁261、262、268。

14　「特牲」指一豬，饋食即是向鬼神進獻牲和黍稷等祭品。詳見同上注
　　書，頁487。

15　「牢」為畜欄，古禮在將祭祀之前，必先選牲，所擇之牲繫於牢中畜
　　養，由專人照管，供祭日應用。

16　「儐尸」是指上大夫在室中事尸，行三獻之禮畢，又於正祭當日，在堂
　　上率賓客、宗族、家臣共同樂尸，以解除尸象神之勞的禮儀。儐，又做
　　賓，禮敬之意也。

17　「禮器簠、敦、簋」見於《欽定四庫全書》，第一二九冊。

18　以上三例分見《禮經釋例・器服之例》，卷十一，頁307、321、326。

19　以上三例分見《禮經釋例・雜例》，卷十三，頁363、364、365。

20　《禮經釋例》，卷十三，頁657。

21　見梁啟超，《中國近三百年學術史》（臺北：臺灣商務印書館，1996），
　　頁209。

22　本處所引原典見《禮經釋例・通例》，頁1、4、9、12。

23　摘錄自《欽定四庫全書》，經部，第一〇四冊，頁49。

24　《禮經釋例・序》，頁1。

25　同上書，卷十三，頁373。

26　同上書，卷一，頁20～21。

27　彭林點校《禮經釋例》，頁228。

28　同注24。

29　附圖2-6至附圖2-14分見於《欽定四庫全書》，第一〇四冊，頁18、
　　38、163、165、134、156、87、23、46。

30　《禮經釋例》，頁4。

31　同上書，頁7。

32　同上書，頁12。

33　附圖2-15，見於《欽定四庫全書》，第一〇四冊，頁28。

34　以上各例見於《禮經釋例・通例》，同上注，頁88～89。

35　見黃以周，《禮書通故・序》（臺北：華世書局，1976）。

36　上論參考程克雅，《乾嘉學者「以例釋禮」解經方法比較研究——江永、
　　凌廷堪、胡培翬為主軸之析論》（臺灣師大國文研究所博士論文，
　　1998），頁218。

37　〈中庸・哀公問政〉，《四書集解》（臺南：正言出版社），頁60。

38　《禮記・大傳》（臺北：臺灣商務印書館，1998），頁561。凌廷堪之引
　　言則見於《禮經釋例》，卷八，頁228。

39　《禮記鄭注》（臺北：學海出版社，1979），卷十，頁441。凌廷堪之引
　　言則見於《禮經釋例》卷八，頁228。

40　〈中庸・哀公問政〉，原文中尚有「故君子不可以不修身，思修身，不可

以不事親，思事親，不可以不知人，思知人，不可以不知天」。

41 康學偉，《先秦孝道研究》（臺北：文津出版社，1992），頁103。

42 《禮經釋例·序》，頁3。

43 《禮經釋例》，卷八，頁228。

44 凌廷堪，《禮經釋例·封建尊尊服制考》，頁238。

45 「緦服」據儀禮：「緦麻，三月者」；傳曰：「緦者，十五升抽其半，有事其縷，無事其布，曰緦」，可見製作緦麻喪服時所用的細麻布，密緻程度只有朝服一半，但所用線卻與朝服同樣粗細。五種喪服的排列順序是以線之粗細為根據，不是以升數多少為序，所以緦服升數少於大功、小功，但線最細，可比朝服，故列為喪服最低等。詳見《新譯儀禮讀本》〈喪服第十一〉，頁380-383。

46 詳見房玄齡，《晉書》（北京：中華書局，1974），卷二十，頁624，〈禮中〉原文如下：穆帝崩，哀帝立。帝于穆帝為從父昆弟，穆帝舅褚歆有表，中書答表朝廷無其儀，詔下議。尚書僕射江等四人並云，閔僖兄弟也，而為父子，則哀帝應為帝嗣。衛軍王述等二十五人云「成帝不私親愛，越授天倫，康帝受命顯宗。社稷之重，已移所授，纂承之序，宜繼康皇。尚書謝奉等六人云：「繼體之正，宜本天屬，考之人情，宜繼顯宗也」。

47 詳見《晉書》，卷八，頁205，〈帝紀第八〉原文如下：哀皇帝諱丕，字千齡，成帝長子也。咸康八年，封為琅邪王。永和元年拜散騎常侍，十二年加中軍將軍，昇平三年除驃騎將軍。五年五月丁巳，穆帝崩。皇太后令曰：帝奄不救疾，胤嗣未建。琅邪王丕，中興正統。

48 詳見《晉書》，卷三十二，頁974，〈列傳第二〉原文如下：章太妃周氏以選入成帝宮，有寵，生哀帝及海西公。始拜為貴人。哀帝即位，詔有司議貴人位號，太尉桓溫議宜稱夫人，尚書僕射議應曰太夫人，詔崇為皇太妃，儀服與太同。又詔「朝臣不為太妃敬，合禮典不」。太常江逌議位號不極，不應盡敬。興寧元年薨。帝欲服重，江尚書僕射啟應緦麻三月。詔欲降為期年，尚書僕射又啟「厭屈私情，所以上嚴祖考帝從之」。

49 《朱子語類·禮一》（臺北：文津出版社，1986），卷八十四，頁2177。

50 詳見《晉書·禮中》，卷二十，頁624。

51 〈喪服〉傳對「繼母」的解釋是「繼母之配父與因母同，故孝子不敢殊」，故繼母和其子的生養喪祭關係，也等同於生母，繼母得伸是因為她與父親的婚姻關係等同生母。見《禮經釋例·封建尊尊服制考》，頁238。

52 〈喪服〉傳對「慈母」的解釋是「父命曰女以為子，命子曰女以為母」，故慈母和其子的生養喪祭關係，也等同於生母，慈母得伸是因為受有父命。

53 《禮經釋例·封建尊尊服制考》，頁238。

54 同上注。

55　見《新譯儀禮讀本‧喪服》，第十一，頁351。

56　見王夢鷗，《禮記今註今譯》（臺北：臺灣商務印書館，1998）〈喪服小記〉，頁538。

57　見《禮經釋例‧封建尊尊服制考》，頁240。

58　見《禮記》，卷九，頁376。

59　見《禮經釋例‧飲食之例》，卷五，頁132。

60　見《禮經釋例‧變例》，卷八，頁219。

61　見《儀禮‧特牲饋食禮》，第十五，頁488。

62　指中封面筮：指墓地中央土堆進行卜筮；中封，墓中央掘土堆積的土堆。

63　見《儀禮‧士喪禮》，第十二，頁428。

64　見《禮經釋例》，卷十三，頁376。

65　同上注。

66　同上注。

67　見許清雲，《三禮論文集》（臺北：黎明，1982），頁47。

68　十七篇的次第，並非全同，蓋傳本不一致，考漢代所傳，有戴德本、戴聖本、劉向別錄本，三本的篇第先後，各不相同。

69　上論參考彭林點校，《禮經釋例》（臺北：中央研究院文哲所，2002），頁24～25。

70　同上注。

71　淩廷堪的辨正可見《文集‧儀禮注疏詳校序》，卷二十六，頁348。

72　同上注，頁25。

73　見皮錫瑞，《經學歷史》（臺北：臺灣商務印書館，1968），頁281。

74　參見程克雅，〈敖繼公《儀禮集說》駁議鄭注《儀禮》之研究〉（臺灣花蓮：東華大學人文學報第二期，2000）。

75　見《文集‧儀禮注疏詳校序》，卷二十六，頁348。

76　見《儀禮‧喪服》，第十一，頁371。

77　見林尹，《周禮今注今譯》（臺北：臺灣商務印書館，1997），頁260。

78　見《禮經釋例》，卷一，頁27～29。

79　附圖2-16引自《欽定四庫全書》，經部，第一百二十九冊，頁17、10、12。

80　據《周禮》：「王之皮弁，會五彩玉，象邸玉笄。」弁有皮弁、韋弁，韋弁制同皮弁，但為淺絳色。弁之形制為：弁體：聶崇義《三禮圖》：「以鹿皮淺毛黃白者為之，高尺二寸。」皮弁以白色小鹿皮製作，故色白微黃，高五寸1。其形狀據《釋名‧釋首飾》云：「弁，如兩手相合拚時也。」似今之瓜皮帽。邸：〈弁師鄭注〉：「邸，下邸也，以象骨為之。」〈賈疏〉：「邸，下邸也者，謂於弁內頂上，以象骨為邸。」邸，有根柢之意；皮弁以象骨製成支架，再覆以鹿皮縫製的弁體，主要用以支撐弁頂，不致塌陷。

81　《禮經釋例‧通例》，卷一，頁17。

淩廷堪《校禮堂文集》 與《校禮堂詩集》之禮學思想

淩廷堪終生篤於行禮、踐禮,經年累月、毫不倦怠地考證著繁瑣的禮文儀則,對於自己的言行舉止、視聽言動,每一念頭、每一行為都能切實地合乎禮。探討淩廷堪的禮學思想,其《校禮堂詩集》、《校禮堂文集》正是記錄淩廷堪禮學思想之要籍。

《詩集》序言:「漢儒之專治禮經者。多不能詩……禮以防性,詩以適性,剛柔互用,本異流而同源也」。[1]他嘆宋儒理均是釋氏禪,不切實用,論義理,強調實有與實事求是。因為講實有,所以關注於人經驗界的價值,五倫關係的強調,便成為淩廷堪義理的內容,期能透過踐履盡職之實效來增進道德修養;因為實事求是,使道德踐履有了準則,如何恰當盡職且合於五倫,達到無過無不實之失,就須不忤法度,合乎禮義。

第一節　從考禮、習禮到禮治

傳統學家普遍贊同「禮乃實用之學」,因為在實用之前,

總必須將禮的思想、儀節等、特性等細節弄清楚，淩廷堪在面對汗牛充棟的注禮、疏禮、考禮之作，最具體確切的便是透過禮的實務與器物研究，從中考禮、習禮、踐禮，落實到日常生活中，因此考訂制度名物便是淩廷堪禮學研究的重要方式。

禮儀制度先要釐清者為「五倫」，倫理是行為的規範，其來源則是來自道德的價值，道德經由觀念的內化，而表現為行為的規範。[2] 因此，倫理具有充分的社會性，也就是個人與個人之間，相應而生的社會方式。在中國傳統的儒家學說中，倫與德是密不可分的，常常同時並存。並給以新的解釋。《禮記·中庸》言：「君臣也，父子也，夫婦也，昆弟也，朋友之交也。」這也就是儒家所謂的五倫，每一倫都有其德，譬如《禮運》說：「父慈、子孝、兄良、弟悌、夫義、婦聽、長惠、幼順、君仁、臣忠，十者謂之人義。」孟子也說：「父子有親，君臣有義，夫婦有別，長幼有序，朋友有信。」就儒家的觀點而言，這五項關係依傳統的順序，應該是君臣之義、父子之親、夫妻之別、長幼之序和朋友之信，五倫則成為中國社會秩序的基本規範。禮，簡言之，就是綱紀，即貴賤有別，君臣有分。

淩廷堪對「五倫」的定義有新的一番詮釋，他認為這五倫皆為性之所固有，聖人知其然，因父子之道而制定士冠之禮，因君臣之道而制定聘覲之禮，因夫婦之道而制定士昏之禮，因長幼之道而制定鄉飲酒之禮，因朋友之道而制定士相見之禮。自天子以至於庶人，少而習焉，長而安焉，禮之外，別無所謂學了。於是結論出父子當親、君臣當義、夫婦當別、長幼當序、朋友當信，這五倫關係根於人之本性，所謂的人倫就當親之、義之、別之、序之、信之。

如何使其無過無不及的表達出來，便牽涉到「制度和儀式」的劃分了，孫希旦於《禮記集解》亦云：

> 先王制禮，其本出於君臣、父子、長幼、尊卑之間，其
> 詳見於儀章、度數、周旋、曲折之際，皆義理之所當
> 然。故禮之所尊，尊其義也。[3]

於是凌廷堪致力於制度名物的考訂，舉凡祭祀、宮室、有司徹到聘覲儀……等等一器皿、一服飾都詳加考察，因為五倫關係中情感與義分的尺寸，都在這些地方呈現。

一、士冠禮——以見父子之親

凌廷堪對於〈士冠禮〉的禮義曰：「知父子之當親也，則為醴醮祝字之文以達焉，其禮非士冠可賅也」。[4]〈士冠禮〉中的「士」，指低層貴族的統稱，士雖處貴族下層，卻是國家官吏和軍中甲士的後備群體，他們對邦國的興衰有極大的關係。「冠」即帽子，古時男子二十歲前不戴冠，任頭髮自然垂下，稱「垂髫」，有時將頭髮紮起，垂於腦後，稱「總角」，到二十歲舉行冠禮儀式，將頭髮盤成髻，笄起來，戴上冠，以後便可戴冠了，所以，冠禮是古禮中的人生大禮，標誌一個人已經成年，可以按成人來對待和要求他了，行冠禮後即成為正式貴族成員，可以娶妻生子、入仕為官，可以按宗法倫理規定繼承家族中相應的權利，因此，古人對冠禮相當看重，認為是諸禮的起點，婚、喪、祭、鄉、射、朝、聘諸禮，皆始於冠禮。《禮記‧冠義》指出：

> 凡人之所以為人，禮義也。禮義之始，在於正容體、齊
> 顏色、順辭令。容體正，顏色齊，辭令順，而後禮義
> 備。以正君臣、親父子、和長幼。君臣正、父子親、長
> 幼和，而後禮義立。……冠者，禮之始也，是故古者聖
> 王重冠」。[5]

古代由於重視冠禮，所以要在宗廟裡舉行，以表示尊崇。而冠
禮為古人之所重視，朱熹曰：「童子未冠，則其於禮義固有所
未能備矣。成人則服備，服備則必備乎禮義，而後可以稱其服
也，故冠為行禮之始」。[6] 淩廷堪便以〈士冠禮〉為例，指出
節次儀文所傳達的倫常情份。他認為三代盛王之時，上位者以
禮教化百姓，人民則以禮為行事準則，他說：

> 君子學士冠禮，自三加以至於受醴，[7] 而父子之親油然
> 矣。[8]

淩廷堪這段話可對應《禮記·冠義》：

> 故冠於阼，以著代也；醮於客位，三加彌尊，加有成也；
> 已冠而字之，成人之道也。見於母，母拜之，見於兄
> 弟，兄弟拜之，成人而與為禮也（參見附圖3-1）。[9]

按成人之道，第一次行成年禮，首先是見母親，然後母親
與他為禮，次見兄弟姊妹，然後兄弟姊妹與他為禮，再見贊
者，贊者亦與他為禮，然而，初次行禮，並不包括父親，依照
孔穎達的解釋，冠禮自始至終皆是由加冠者之父籌劃，因此早

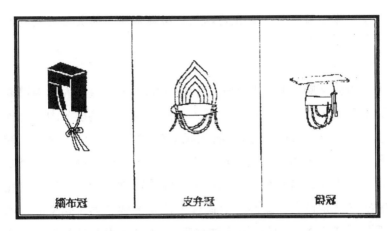

縞布冠　　　皮弁冠　　　爵冠

附圖 3-1：〈士冠禮〉之「三加」。

已禮過，不必再見。顯然，凌廷堪是贊成這種說法的，他認為，加冠者的父親必須先至宗廟占卜吉日，以子已成人將行成人禮之事告於祖先，再請族人中的尊長者主持冠禮，透過〈士冠禮〉表示父親尊重其子已成年，可正式成為一個大人，在繁細的儀式下，表示出父親對兒子深遠的期許，因此，凌廷堪認為「父子之親油然矣」，是故，知父子之當親也。

二、士昏之禮──以別夫婦之義

凌廷堪對於〈士昏禮〉所要表現的禮治，認為是「別夫婦」，他說：「知夫婦之當別也，則為笄次帨鞶之文以達焉，其禮非士昏可賅也，而於士昏焉始之」。[10]據《儀禮·士昏禮》記述的是娶妻之禮的整個過程，包括議婚、訂婚、婚禮儀式。凌廷堪說：

> 學士昏之禮，自親迎以至於徹饌成禮，而夫婦之別判然
> 矣。[11]

士為貴族下層，其上有天子、諸侯、卿大夫，這些人的婚禮要
比士隆重、豪華；士以下之廣大庶民，則比士簡樸。由〈士昏
禮〉之增減可觀得不同階層人婚禮的概況，主要有納采、問
名、納吉、納徵、請期、親迎六項禮儀，統稱六禮。士昏禮奠
定中國古代婚禮原型，對約束男女雙方遵守婚約，維護家庭和
婚姻的穩定持久，維護社會倫理道德有重要意義。儒家把婚禮
視為「禮之本」，是維護宗法倫理等級制度的重要環節，《禮
記‧士昏義》說：

> 禮之大體，而所以成男女之別，而立夫婦之義，夫婦有
> 義而後父子有親，父子有親而後君臣有正，故曰，昏禮
> 者禮之本也。[12]

經過敬謹隆重而又光明正大的婚禮才是禮的基本原則，同時也
形成了男女間的分限，建立起夫婦間正當的道義，於是淩廷堪
認為：「學士昏之禮，自親迎以至於徹饌成禮，而夫婦之別判
然矣！（參見附圖3-2」[13]）

呂氏大臨曰：「〈昏禮〉者，其受賣之義乎？故自納采至
迎親，皆男先乎女，所以別疑遠恥，成婦之順正也」。[14]淩廷
堪說的「自親迎以至於徹饌成禮」可以《禮記‧昏義》來印
證，其中納采、問名、納吉、納徵、請期的日子，男方的使者
來時，女方「筵幾於廟」，[15]然後親自出門拜迎，入廟後，揖
讓而升，聽受使者傳遞男方的辭令，表示敬慎隆重而光明正

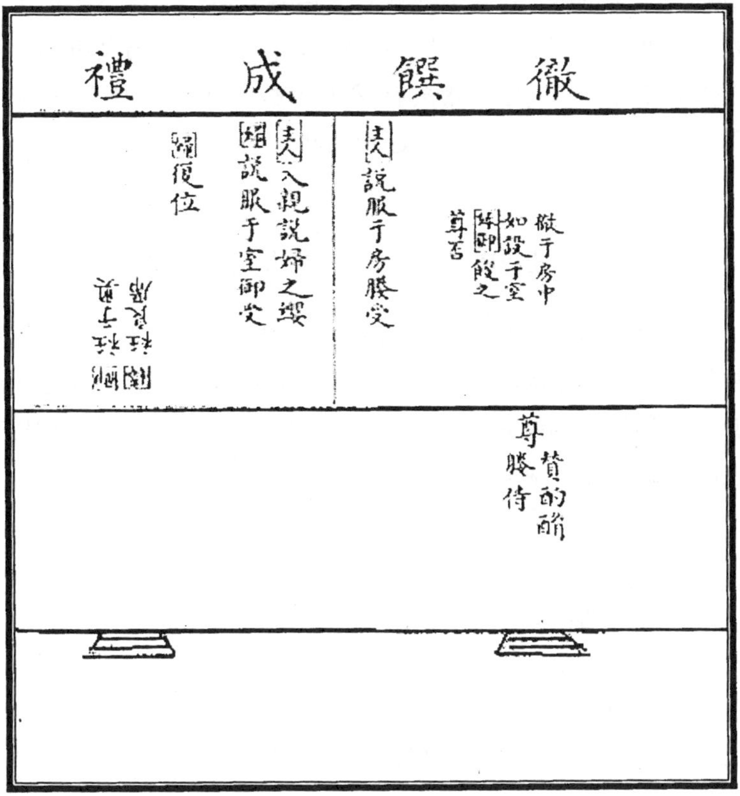

附圖 3-2：〈士昏禮〉「徹饌成禮」。

大，而新婦一大清早起床，梳洗打扮後，等待進見，到天明時，由幫助行禮的婦人帶著新婦去見公婆，新婦須拿笲盛著棗、栗拜見公公，而段脩拜見婆婆，助禮的婦人代公婆以甜酒賜給新婦，新婦在席上祭肉醬及祭酒之後，便完成了做媳婦的禮，這當中的儀節表明了新婦服侍舅姑的意義，透過一定的儀式，使男女當事人感受到強大的社會約束力，以維繫婚姻關係的穩定，讓他們與儒家的宗法制度和倫理道德相結合。孫希旦

曰：「夫婦之道，不患其不順也，患其苟於順而傷於義也，失義則順亦不可保矣，故曰『夫婦之義』，……故男女有別，而後夫婦有義，有夫婦然後有父子，故父子之親由於夫婦之別。」[16] 凌廷堪認為「夫婦之別判然矣」。

三、士相見禮──以見朋友之信

凌廷堪考〈士相見禮〉，認為〈士相見禮〉為「知朋友之當信也，則為雉腒奠授之文以達焉，其禮非士相見可賅也，而於〈士相見〉焉始之」。[17]「士相見禮」，是古代士君子初相交接的禮儀，凌廷堪認為：

> 學士相見之禮，自初見直贄以至於既見還贄，而朋友之信昭然矣。[18]

《禮記‧士相見禮》由士相見禮推及士見大夫、大夫相見、士大夫見君的禮儀，〈士相見禮〉於五禮中屬於賓禮，為古代人際交往中的重要禮儀，由西周至春秋，無論貴族、平民皆講究此禮（參見附圖3-3）。[19]

古禮交際禮儀的形式包含了三個內涵：一是見面要送禮，這就是「摯」；二是見面互相有一套表示對對方尊敬的謙詞，這就是「無辭不相接」；[20] 三是有一套屈己待人的儀式，稱為「自卑而尊人」。[21] 用這樣一套儀式來體現一種精神，這就是「讓」，從中可見互相通過這種禮儀，達到和對方表示尊敬和友好的感情，因此在行禮上是賓以摯（禮物）見主人，主人又同樣以摯見賓，彼此相互拜見，互為賓主，禮尚往來。賓見

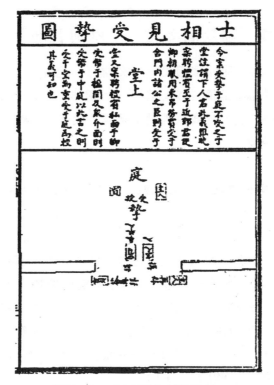

附圖 3-3：〈士相見〉受執圖示。

主人一定要根據自己的身分和使命，持相應禮物，再看《禮記・曲禮下》說：凡摯，天子鬯，[22] 諸侯圭，卿羔大夫鴈，士雉，庶人之摯匹，童子委摯而退，野外軍中無摯，以纓、拾、矢，可也。婦人之摯，棋、榛、脯、修、棗、栗。[23] 禮物不同，反映持者的身分品級，淩廷堪認為此禮之踐行，朋友之信昭然矣。

四、鄉飲酒之禮——以別長幼之序

　　凌廷認為鄉飲酒禮可以別長幼之序，他說：「知長幼之當序也，則為盥洗酬酢之文以達焉，其禮非鄉飲酒可賅也，而於鄉飲酒焉始也」。[24] 鄉飲酒禮是記述周代在鄉校舉行酒會的禮儀。凌廷堪說：

> 學鄉飲酒之禮，自始獻以至於無算爵，而長幼之序然矣。[25]

「鄉」字其本義為鄉人共食，也包含地域之義，因共食者為同一地域之人。不過此「鄉」所包括的範圍要比後世之鄉大得多，而與「邦國之義」相近，因為同一族人共住一鄉，亦即是一個邦國。所以由古代氏族聚落共食議事習俗衍化出來的鄉飲酒禮（參見附圖3-4），[26] 不僅適用鄉人，而且適用於諸侯卿大夫。《禮記‧鄉飲酒義》曰：

> 鄉飲酒禮，六十者坐，五十者立侍，以聽政役，所以明尊長也。六十者三豆，七十者四豆，八十者五豆，九十者六豆，所以明養老也。民之知養老，而後能入孝弟。

實踐此禮的意義在於序長幼、別貴賤、確立孝弟、尊賢、敬長、養老的倫理道德規範和宗法等級秩序。就六十者三豆，七十者四豆，八十者五豆，九十者六豆而言，豆之數，是為明齒讓者，禮行於賓賢，便得以體仁義，行於習射，則可體禮樂，行於尚齒，則可體長幼。[27] 對照《儀禮‧鄉飲酒禮》中的程

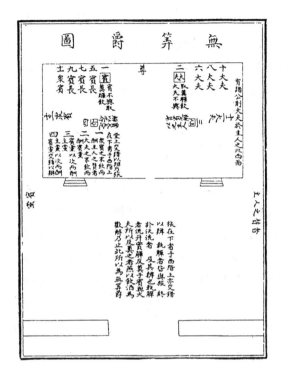

附圖3-4：〈鄉飲酒禮〉之程序。

序，從主人與主賓間獻、酢、酬禮（即主人持杯到主賓席前獻
酒，稱獻。主賓持杯至主人席前回敬，稱酢。主人把觶注酒先
自飲，再勸主賓隨飲，稱酬），主人與介之間的獻、酢之禮，
主人獻眾賓之禮，酒會上對主賓、介、眾賓之禮，由繁至簡，
由隆而殺，表達尊卑高下之別，故曰「親親之殺，仁中之義
也，尊賢之等，義中之義也」。〈郊特牲〉則曰「父子親，然
後義生，義生，然後禮作」。[28] 淩廷堪為此也撰有〈鄉射
賦〉，特別強調「以必先行鄉飲酒之禮為韻」，其中說：「酬禮
施以下為上，由尊即卑」。[29] 正是此典禮中所展現的儒家尊賢

敬長道德觀。立侍，是陪侍之意，有「明尊長」之義，他嘆後儒不知，往往於仁外求義，復於義外求禮，是不識仁，也不識義也，根本無法睹先王制禮之大原。因此，凌廷堪說學鄉飲酒之禮，自始獻以至於無算爵，而長幼之序然矣。

五、聘覲之禮——以見君臣之義

凌廷堪重視「聘覲之禮」，他說：「知君臣之當義也，則為堂廉拜稽之文以達焉，其禮非聘覲可賅也，而於聘覲可賅也」。[30] 覲禮為諸侯朝間天子之禮，覲，見也。依《儀禮·覲禮》可分三部分，一為入覲初至之事項，包括郊勞，賜舍，通知覲見日期，受次於廟門等候諸禮儀。二為朝覲的具體城市內容，包括諸侯覲見天子時，諸侯三享天子，以及諸侯述職後袒臂待罪，天子辭謝並給予慰勞，接著天子賜諸侯車服四項（參見附圖3-5）。[31] 對於覲禮凌廷堪說：

　　學聘覲之禮，自受玉以至於親勞，而君臣之義秩然矣。[32]

凌廷堪對於聘覲之禮特撰有〈覲義〉一文，詳細闡明君臣間的對待義分，他認為「覲見」是一種「述職」，他引用了《周禮·春官》大宗伯之職：以賓禮親邦國：春見曰朝，夏見曰宗，秋見曰覲，冬見曰遇，時見曰會，殷見曰同，……時聘曰問，殷覜曰視。……以玉作六瑞，以等邦國：王執鎮圭，公執桓圭，侯執信圭，伯執躬圭，子執穀璧，男執蒲圭（附圖3-6）。[33]

依禮，諸侯有義務向天子述職，否則「一不朝則貶其爵，

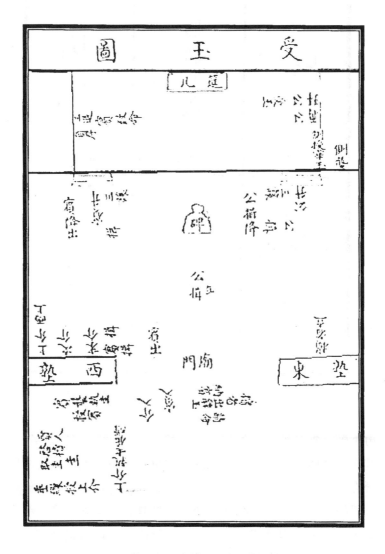

附圖 3-5：《儀禮》受玉圖。

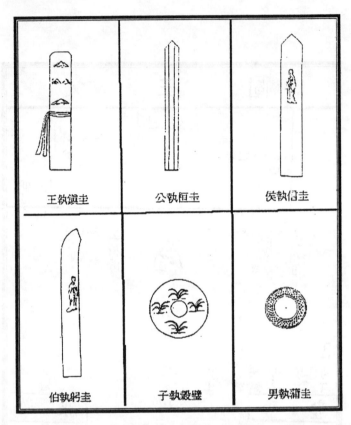

附圖3-6：公、侯、伯、子、男，覲見時所持之玉。

再不朝則削其地，三不朝則六師移之」，以明「君臣之義」。[34]
其次，諸侯朝覲天子，於未入京在京郊之時，天子應先遣使者
勞之，置館舍安之，表示惠其辛勞之意，入覲天子時，無論同
姓異姓，天子皆在宗廟會見諸侯，敬其與己同體之意。覲享完
畢，諸侯右肉袒請罪於天子，天子勉勖之以伯叔舅父稱之，並
賜車服命書使歸其國，用以表明「臣禮」。[35] 若遇天子有征討
之事，則須另築命壇於京郊，合諸侯以命政，或為巡守或為征

討，這是一種大禮，凡行大禮前必先行常禮，因此，君臣以覲禮相見，表明其互相之職分後，天子才能命令諸侯為其行征伐之事。淩廷堪考其非血緣關係，而其中的倫常就建立在「君臣之義」上，因此，他說學聘覲之禮，自受玉以至於親勞，而君臣之義秩然矣。

在儒家的五倫觀念中，諸如君臣、父子、兄弟、夫婦之間，貌似具有一種和諧的關係，其實更該注意的是「別」，即所謂的「分」或「名分」，反映了一個有等差的身分秩序，淩廷堪便以實際的「考禮」行動來辨倫常，蓋天下無一人不囿於禮，無一事不依於禮。[36] 且聖人之制禮，本於君臣、父子、夫婦、昆弟、朋友，五者皆為斯人所共由，是故道者所由，適於治之路也，天下之達德是也，若舍禮而別求所謂道者，則杳渺而不可憑也。淩廷堪從「考禮」時轉到了「習禮」，不只重於考訂禮書所獲得得豐碩成果，而是重於落實在經驗領域內的各種典制，諸如國家的各種祭典、個人的婚喪儀式、學校的典章制度……等維繫社會教化與善良風俗的種種禮儀、儀則的強調，亦即先習其器數儀節，然後知禮之原於性，若能使天下敦厚而崇禮，則人人自能復於性，達於善。

第二節　淩廷堪「以樂養情」之人情強調

「習禮復性」與「制禮節性」是淩廷堪禮學主張中的核心思想。因此他提出了兩個方法：一是說明制禮之本，在人性之好惡，禮與人性是相契合的，因此最佳的方式便為「養情節欲」，能遂人之欲，自然就能恢復人之本善。二是透過鍥而不舍的學禮習禮，藉由儀式與節度融入人的感情，從而親親尊

尊，提出「禮樂化性」，透過禮樂之涵養，使人改變氣質，內化人格，達到復性於禮之目標。

一、養情以節欲──制禮以防節情欲之「逸於情」、「失其性」

宋儒「存理去欲」正視了理、欲關係，更影響後儒逐漸將理欲命題，從學術思辨層面延伸到社會道德之探討。就社會道德的層面來看「理欲之辨」的影響，不禁令人提問，戴震曾極力撻伐理學家，認為聖人之治天下，體民之情，遂民之欲，而王道備。人知老莊釋氏異於聖人，聞其無欲之說，猶未之信也，於宋儒則信以為同於聖人。理欲之分，人人能言之，故今之治人者，視古賢聖體民之情，遂民之欲，多出於鄙細隱曲，不措諸意，不足為怪；而及其賢以理也，不難舉曠世之高節，著於義而罪之。尊者以理責卑，長者以理責幼，貴者以理責賤，雖失謂之順；卑者賤者以理爭之，雖得謂之逆，於是下之人不能以天下之同情、天下之所同欲，達之於上。上以理責其下，而在下之罪人不勝指數，人死於法，猶有憐之者，死於理，其誰憐之？嗚呼！雜乎，老釋者之言以為言，其禍甚於申韓如是也。[37]

戴震指出聖人治天下，並非強調超越形式道德之理得治天下，反之「體民之情，遂人之欲」，如是王道始具完備。但倘若此理淪為離情捨欲，一未能顧及他人之情、他人之欲；二則私見之理責詰他人，如是去欲做無限的擴張，終使得人性被壓縮與戕害，必然導致「尊者以理責卑，長者以理責幼，貴者以理責賤」，挾理之名行宰制之實，造成強凌弱，尊責卑的階級

壓迫。

　　當清初學者不再強分形上、形下的理氣二分法，不再將氣視之為形下之物而蔑視之，則自然會對理學家論「性無不善，氣則有不善」，強分義理之性與氣之性的看法無法贊同。宋明理學家將「性」同於天，是形上存有的至善之理；「氣」則是人類情欲的歸所，為有善有惡的質性，所以必須變化氣質以復本性之純善。這便是在強分理氣之辨的思想下，欲以理導氣，以理為氣的主宰。然而清初學者相信，理是本於氣而生，因於氣而顯，所以人的血氣自然之性是不容被取代忽略的。所謂的天理性命道德，都不過是現實生活中所歸納出來的生活準則、條理規範，是本於人事生理之實的，絕非先驗性的道德精神本體。

　　淩廷堪深慕戴震之學，肯定「體民之情，遂人之欲」的重要性，故情欲是人之所以為人的自然狀態，它為人性之本能而生，不容遮避滅絕。而相對的，老莊釋氏其倡無欲之說、程朱存理去欲之論，皆是明顯違反生命的自然狀態。因此，生命若僅是高倡揚理的道德超越義，卻漠視人本有的自然情欲，挾其勢位，憑仗私理威迫他人，力弱氣惛之卑者，又豈能道辭？勢必造成倫理規範的破壞。

　　淩廷堪認為人性本天而生，有聲色味臭之欲，也有仁義禮智信之德，二者皆人性之所好，若不使之滿足，必為人所共惡。然而人在欲求滿足過程中，往往無法自行節制，遂有過與不及的現象產生。為了避免這一種現象，淩廷堪於〈好惡說〉中說：

　　　　視則為色，耳能聽則為聲，口能食則為味，而好惡實基

於此。……《大學》言好惡，《中庸》申之以喜怒哀
樂。蓋好極則生喜，又極則為樂；惡極則生怒，又極則
為哀，過則佚於情，反則失其性矣。[38]

因此於制禮時，除了考慮順乎人性的好惡外，更要顧及「節制」
的必要，不使好惡「佚於情」，也不使好惡「失其性」。

　　凌廷堪的這個論點是與荀子論禮的起源相符合的，荀子說
「禮」是怎麼產生的？荀子在〈禮論〉中說：「禮起於何也？
曰：人生而有欲，欲而不得，則不能無求，求而無度量分界，
則不能不爭。爭則亂，亂則窮。先王惡其亂也。故制禮義以分
之，以養人之欲，給人之求，使欲必不窮乎物，物必不屈於
欲，兩者相持而長，是禮之所起也論」。[39] 荀子認為，禮的起
源，是為了節制並疏導人的欲望。荀子從人性欲望入手，有防
堵與限制欲望的作用。凌廷堪對於「聲色與味」這種人之基本
需求，無法用外力加以阻遏，生理需要，人民生活的民生問
題，所產生的欲望也應無善惡之別。因此，「聲色與味」之欲
非惡，而是人類自然需要，既是自然不應鄙棄或輕視之，而應
予以認同及肯定。對這些貨色飲食之欲望予以獨立合理的地
位，不再是壓抑於道德理義之下，必須滅絕殆盡以成就德性完
善的障礙物，而是將這些人類自然生理的感性需求視為人性之
合理欲求，必須加以調養、節制與滿足。「欲」應有所調節調
養，使其合乎人合理的需求，而不致受外物的引誘而蔽之日
遠。因此，欲望是要節制它，而非使之滅絕殆盡，所以凌廷堪
稱「制禮節欲」而非「無欲、滅欲」。至於禮與天經、地義、
民行三者的關係，凌廷堪引子產之言曰：

> 夫禮，天之經也，地之義也，民之行也。此言禮本於天
> 地人三才而制也。又云天地之經而民實則之，則天之
> 明，因地之性，生其六氣，用其五行，氣為五味，發為
> 五色，章為五聲。淫則昏亂，民失其性。……是故為禮
> 以奉之，為六畜[40]五牲三犧以奉五味，為九文六采五
> 章以奉五色，為九歌八風七音六律以奉五聲。此言聖人
> 制禮皆因人之耳有聲，目有色，口有味而奉之，恐其昏
> 亂而失其性也。[41]

子產是春秋人，強調「禮」治，曾經發表「為政必以德」的主
張。內以「禮法」駕馭強悍的宗族，外以「禮論」折服晉楚兩
強，相信「國不競亦陵」，終究化危機為轉機，使弱小的鄭國
得以堅強自保，壯實鄭國有形與無形的力量。讓「蕞爾小國」
的鄭國，安享廿餘年的太平安康局面，可見禮制在古代曾是治
國之良方。

　　至於宋明儒者提出的「聖人之所以為聖，只是其心純乎天
理而無人欲之雜」，都是強調這存理去欲以成就聖人的工夫歷
程。理學家們相信，實踐這「存天理、去人欲」的工夫，使心
純乎天理而無絲毫人欲之雜即為聖人，這樣成聖的道路就變得
簡單而易從了。基本上只是返回自己本心，反省自己，體悟自
己，「善反之，則天地之性存焉」。這樣的自我反省，使本心
自然呈現，警醒而持守之，則天理自存、人欲自消，如同紅爐
融雪般簡單明瞭。所以，聖人之心必須全體湛然虛明，萬理俱
足，無一毫私欲之間，但是在現實生活裡，人欲是難以消除淨
盡的，尤其是人之生理需求，若硬要加以阻遏，這樣滅絕人欲
以存天理的工夫，卻又是現實中艱苦的轉化歷程，這種理想境

界之高遠，實在非一般人所能企及的。因此，對於宋儒者的論
調，他是無法認同的。

　　凌廷堪引用子產之言，闡明衣食聲色之所以有五章、六
畜、九歌等多樣性，是為了配合情感欲望不同類別和不同場合
的需要。譬如以音樂為例，祭祀神靈有九歌之樂，各地風俗互
異便有八風之樂，吉凶軍嘉賓等不同典禮就有不同的音樂，甚
至連舞蹈也因事、因地而異，以其不偏不失表達情欲。即使五
倫關係之矩和立國之典制刑罰，也認為都是依人性的好惡而定
的。他曾說：

> 為君臣上下以則地義，為夫婦外內以經二物，為父子兄
> 弟姑姐甥舅昏媾姻亞以象天明，為政事庸力行務以從四
> 時，為刑罰威獄，使民畏忌，以類其震曜殺戮，為溫慈
> 惠和，以效天之生殖長育，此因禮本於天經地義民行而
> 發明之。[42]

可見，在滿足人之情欲的同時，禮便可以發揮節度人欲的功
能。他將禮的功用發揮到最極致。古禮能治國屢見於古籍，古
禮治國以治家為本，因為古代國，最早是由一家一姓來治理
的，所以治家和治國可視為等同。若以治家的方法來治國，便
可藉於《大學》修齊之道，他是「重禮制而輕刑罰」的，因為
這種治國方式是以親親為本，親親故尊祖，尊祖故敬宗，敬宗
故收族，收族故宗廟嚴，宗廟嚴故重社稷，重社稷故愛百姓，
愛百姓故刑罰中，刑罰中故庶民安，庶民安故財用足，財用足
故百志成，百志成故禮俗刑，禮俗刑然後樂。[43] 這種以親親
為核心的治國模式，只能以「禮」治，別無他法。可見禮都被

證實得以治國了，更何況是節欲。《荀子‧禮論》亦曰：「人
生而有欲，欲而不得，則不能無求，求而無度量分界，則不能
不爭。爭則亂，亂則窮。先王惡其亂也，故制禮義以分之，以
養人之欲，給人之求。使欲必不窮乎物，物必不屈於欲，兩者
相持而長，是禮之所起也。」從荀子的觀點看來，制禮的需要
是根基於人的欲求，人向外的欲求行為，亦會導致人彼此或
欲、物之間的衝突與爭執。因此，淩廷堪論禮，隨處不忘禮之
「養人情欲」的功能。

二、以「克己」防僭越，以「復禮」制外安內

　　淩廷堪在晚年對宋儒所註解的四書，都重新加以翻案。在
解釋《論語》「顏淵問仁」時，淩廷堪對於「克己復禮」做了
新的詮釋：

> 克己之己字不當作私欲解。……人己對稱，正是鄭氏相
> 人偶之說，若如《集註》所云，豈可曰為人由私欲乎？
> 再以《論語》全書而論，如不患人之不己知，夫仁者己
> 欲立而立人、己欲達而達人、己所不欲勿施於人、古之
> 學者為己今之學者為人、修己以安人、君子求之己、小
> 人求之人，皆人己對稱。……若作私欲解，則舉不可通
> 矣。[44]

「克己復禮」自漢鄭玄注《禮記》認為「人」是人相偶之意，
即用以協調人與人之間的關係。相人偶是仁的體現，「仁」與
「禮」本為一個事物的兩個方面，仁是禮的實質內容，禮是仁

的外在表現形式，兩者是一個有機的整體，相互制約而又相輔相成。

淩廷堪論「克己復禮為仁」的命題時，便是自「禮」上發揮，強調恢復了三千三百的禮便是仁；自禮的角度來詮釋仁，強調通過禮的儀文實踐來體現仁的道德。「仁」是內在的德性，要透過外在禮節儀文的實踐中體現出來，藉著禮節儀文的習行其間不失分寸，進而能掌握其內在的仁心仁德，緣外以制內，復禮以成仁，即禮展現的仁。儒家相當重視「克己復禮為仁」的工夫歷程。鍛鍊自己的道德心性，使之不為物欲之私所蒙蔽。所謂「復禮」者，「復，反也。言情為嗜慾所逼，已離禮而更復歸之」，使事事物物都回歸於禮中，周旋動容間均能合乎非禮勿視、聽、言、動的儀節規範。可見，人成就仁德的工夫有二，一為「克己」，心上的內在工夫；一為「復禮」，檢束行為舉止的外在工夫。宋儒較重前者，以存天理、去人欲的克己之功為要。淩廷堪則重後者，以為成就內心仁德必自「外面」著手，使人辨清禮與非理，去其非禮的行為使皆復於禮，克己之功才得以完全，道德之仁性也才得以落實呈顯。故其重心全落於「禮」上，實踐仁德的工夫全落在「復禮」之事上。所以說，「仁」，並非靜態地內存於人心的道德倫理，而是經由必要的形式，將仁的真正意義體現出來；經由「禮」來展現仁，仁德的呈現完全落實在復禮工夫的實行踐履上。淩廷堪強調說：

> 《中庸》云「非禮不動」，所以修身也。動實兼視、聽、言三者。[45]

視、聽、言、動皆服從於禮的指導，凡合於禮者，視聽言動之，凡非合於禮者，勿視聽言動之。一旦耳目口體均能中節合禮，這便是仁德大道的俱足體現。因此，仁德的體現依乎「禮」，三千三百之禮的實踐，口體耳目之禮的中節，才是真正的「仁」。人都能克制自己的私欲，使自己的行為回歸於禮，那麼天下就可以歸於仁德了。這才是「克己復禮」的真意。

　　孔子認為禮是克制自己的感情與行為使之合於禮，按照禮的規定去實行仁，根據人的尊卑、貴賤、親疏去有等差的愛人，這樣就不為違背了仁德。如果越出了禮的範圍，不分尊卑、貴賤、親疏都一樣對待，那就破壞了由等級制度所構成的社會秩序，會造成天下大亂。禮是尊卑有序、貴賤有等的，孔子強調守禮，不單單對上層統治階級而言，也不是單單對下層被統治階級而言，而適用於所有的人。從天子到庶人，人人都必須守禮，都要「非禮勿視，非禮勿聽，非禮勿言，非禮勿動」，按禮的規範來約束自己的行動。甚至是一統天下的國君，也要依禮而行，如果所行不合於禮，作臣子的可以提出批評、諫勸，甚至可以不合作。禮既然是人人共同遵守的準則，因此人人就要學禮、知禮、節己修身來實行禮，所以孔子說：「不學禮、無以立。」孔子改以「仁」來發動「禮」，其目的是為了讓人重新體認到，禮的內涵並非只是儀式條文，而是完善秩序及良好人格的表現。

　　淩廷堪的摯友阮元也在與之論及此一議題時指出所謂「克己」者，非指存理去欲的心上工夫，而是要使脫離於外物的習染引蔽，以保全其靈明的道德性善，這並不是理學家常講的形上超越之天道，而是指具體落實於現實生活中，據之以施行遵從的條理規範「禮」。所以，一旦失其禮文節度，人與人間的

行為舉止遂失其分寸秩序，父子兄弟亦植藩籬；一旦恢復了禮儀規範，周旋中容中禮，則父子有親、兄弟有義，成就一道德倫理的世界。故其言「視聽言動，專就己身而言，若克己而能非禮勿視勿聽勿言勿動，斷無不愛人」，[46] 視聽言動皆能合乎禮的規範，就是天理、天則之正的表現。而「仁雖由人而成，其實當自己始」，[47] 因此，人能返還天則之正的禮，這便是克己之功的完成，使自己視聽言動的行為舉止都能復於禮，這就是全其本來性量性。全其本來性量性便是克己工夫的完成，而天下自然歸於仁矣。所以，成就仁德的工夫必先自「復禮」下手，一旦復其禮，則克己之功才得以完成，仁德的體現也才得以從中實踐出來。

對於阮元的見解，凌廷堪深表贊同，也覆書以表認同，並列舉《論語》之言，證明人己是對稱，人指他人，己為己身，與克制私欲無關。他說：

> 前在甬上，聞閣下談及《論語》克己之字不當作私欲解，當時即深以為然。[48]

凌廷堪則由禮的角度詮釋仁，「仁德」的呈顯完全經由「復禮」工夫的實踐才得以完成。這樣論仁，取其復禮義而輕其克己義，甚至將克己的工夫完全融化在復禮的實踐中，藉由復其天理之正的禮，才是克己工夫的圓滿落實。如此，便是將「仁」完全落於「禮」的實踐上討論，唯有通過復禮的實踐工夫才能達致仁德的完成，復禮以克己，復禮以成仁。這樣論仁，便是重仁的「實踐義」，強調以外在表現形式的禮文節度之實踐來完成落實的仁德，這樣以復禮來詮釋仁。他認為「禮」者，指

外在的禮容舉止，儀文節度；「復禮」者，禮節儀文的付諸實行，真實的躬行踐履。這便突顯出淩廷堪重「外在」，且「緣外以制內」的工夫取向。

淩廷堪論仁的「外在性」，重視「禮」的禮容節度與儀文規範，強調「復禮」的禮容舉止之躬行實踐，少言克己的心上工夫之修持，並且建立起「復禮以成仁」，緣外以制內的道德實踐之路數。宋儒解說「克己復禮為仁」時，則極為看重「克己」，存理去欲的心上工夫，較為輕視復禮，禮文節儀的外在謹守，認為藉著克己工夫的實踐即可成就仁德。所謂「克己復禮」者，便只是存天理、去人欲，克去己私的心上工夫；只是要消鑠私欲，以保攝本性天理之靈明自然的內心工夫。所謂的克己復禮者，完全自「克己」處立論，自內在道德本體的挺立著手，私欲盡去，道德天理自立，仁心仁德方由此而顯。剝落了「復禮」方面的行為實踐與禮容儀文的意義，完全從正心去欲的內在工夫詮釋。他樂觀地以為，只要能私欲不萌地克制自己，只要心能存正靈明，自然能行事合宜、周旋中禮，不必再有額外修身習禮的踐履工夫，便可見其實踐之功，亦可見淩廷堪對於理欲對立之說之說扼殺人性之憤懣。

淩廷堪強調的「學」，是強調經世致用的知識，反對理學末流證悟天理的不實用之學。他曾批評宋儒論《大學》修身工夫之誤，而以習禮學禮貫穿全篇。在〈復禮中〉中說：

> 禮器一篇皆格物之學，說致知，曰「先習其氣數儀節，然後知禮之原於性」。[49]

可見欲知禮之原，若能先學時氣數儀節，必能達到格物的工

夫。而且，這個過程無論身分地位，不管是天子或庶人，都要強調「修身」，少而習焉，長而安焉，因此，除了學禮之外，再也沒有其他能稱為學的了。他把禮視為學的主要內容，不僅對宋儒大學之教不滿，例如朱熹主張「進四書，退五經，人人解渴為堯舜」，將孔孟學說中關於「內聖」的部分認為儒家修身、齊家、治國、平天下的教育過程，是以修身最為重要，能否修身便可知其能可有大用於國家，因此，認為「五經」不足以忠實正確地反映孔孟思想，只有「四書」能教人如何修養自己，至於《尚書》、《春秋》、《周禮》是注重「外王」，所討論的是怎樣去建立王者之政，其如何評斷王者的是非功過，根本無法讓人進德。[50] 凌廷堪對於此深感不以為然，他反對朱熹在童子入塾即學《大學》，教以誠意正心求做聖賢之道，禮儀操習卻不復實踐，是郢書燕說，他以自身的經歷說：「憶昔毀齒日，出就童子師，迫使讀《大學》，百讀百不知」表達對於宋儒強迫「天下士出於一途」的不滿。[51]

此外，對於宋儒小學之教他也不贊同，他批評小學之教只學灑掃應對進退，而不教六藝，是經義荒廢，讓小孩皆成為盲聾，是學術與經世脫卻的關鍵。他引《周官》子保氏之教，說明童子應該是要八歲入小學，即教以禮樂射御書數，一使識文字，一以強健體魄使之明禮儀。

凌廷堪主張學禮復性的步驟，是由小學入大學，先習禮之器數儀節，這一個階段是屬於「格致」的工夫；再從儀制中體驗思辨其中精義，洞明禮原本於人之情性，明白親親之等、尊尊之義，都是出於人性之本然需求，這一個階段則進入「致知」的工夫；然後，洞曉禮源於性，而以誠意踐履之，這時進入「誠意」的工夫；最後依靠誠意，堅守人我的同好同惡，不落

入偏私，就是「正心」。若能依照這一個習禮學禮的程序，循序漸進做到內外兼修的工夫，自能成就修齊之事，一旦事事皆有實效可驗，即能成治平之道。這種內外兼修的治平之道，絕對不是宋儒只講究內在修養究能達到的。

　　他將《禮記・禮器》中的觀念一一羅列，申述其義，並為《中庸》的慎獨之說與《大學》中所列舉的「誠意」「正心」等修身工夫依次作貫串的依據。淩廷堪索引原文如下：

> 〈禮器〉曰：禮之以少為貴者，以其內心者也。德產之致也精微，觀天下之物無可以稱其德者，如此，則得不以少為貴乎？是故君子慎其獨也。[52]

依照《禮記》的原意，禮若以少為貴，則是屬於內心的敬意。因此，淩廷堪認為禮器儀節才是「慎獨之學」的內容，絕非宋儒詮釋的禪家獨坐觀空，人能以「慎獨」實踐理性，以禮為遵循內容，達到復性於禮的目標，強調內聖為主，著重自我的修養，極力闡釋「內心精微」、「己所獨知」，方是禮的實踐之道。他在〈復禮上〉中，提出唯有透過外在踐履禮與內在體認禮的雙重工夫，才能復其本性之善。他說：

> 良金之在卅也，非築氏之熔鑄不能為削焉；非粟氏之模範不能為量焉。良材之在山也，非輪人之規矩不能為轂焉，非輈人之繩墨不能輈焉。禮之於性也，亦猶是而已矣。如曰舍禮而可以復性也，是金之為削為量，不必待熔鑄模範也。……聖人之道也，則舍禮奚由哉！[53]

行為的善並非只憑本體之性即能達成，正如良材之於規矩一樣，若無規，良材便無法成為轂輈，同理，人性亦唯有透過禮才能成其善。[54]

三、禮樂以化性

樂在古代，指的不僅是今天所謂的音樂，它包括音樂、舞蹈、詩歌，以及說唱結合的藝術形式，樂在古代，實際是禮教的重要內容。由於聲音是由人內心與外物相感性而形成的，因此，它就可能產生兩種結果，一種是人盲目的跟著外界之誘惑向前發展，這樣，人天性中的善性，就會被改造，引導到邪惡的道路上去，做出種種違反人倫道德，敗壞社會秩序的事情來；另一種結果，是這種外在誘惑加以節制，使人天性好的一面不但不會被外物所移動，相反，還可以通過這種外在條件的引導，促進人的善性，從而可以達到移風易俗的作用，古代帝王便善用這個道理，訂立「樂」的儀節，作為教化人民的一種方式。此外，「樂」是通於政治的，由於古代的樂是人民載歌載舞的一項活動，是生活中不可缺少的，故一個國家是否治理得好，社會是否和諧，更得以從人民的這種音樂活動中反映出來，君王們瞭解這樣的一個道理，所以特別重視樂，把它與禮的各種儀節結合起來，作為治國的根本。

凌廷堪諳於禮制，因此主張「禮以制外，樂以和內」。凌廷堪對於樂教的重視，可從它所著的《燕樂考原》中得到印證，這本書專考唐代的燕樂，唐分樂為三類：先王之樂為雅樂、前世之新聲為清樂、合胡樂者為燕樂。其中燕樂是周隋舊樂，也是稽求古樂的薈藪，禮儀的進行須配合音樂，而音樂除

了「樂」以外，還包括「樂器」，為了考證古樂，淩廷堪曾訪察樂師詢問樂器製造的細節，徹底瞭解樂器之長短與聲、譜、器間的配合關係，其對音樂用功之深。

　　而由於用樂的目的及場所之不同，使原始氏族社會的樂舞有了所謂巫政之樂與民鄉之樂二類的區分；亦即日後所謂樂「雅」、「俗」之分。事實上，禮與樂的活動不僅僅是在祭祀活動中並用，禮樂並用的形式更見諸於原始氏族、或其後夏、商二代的各種公開正式的儀式當中。以祈年儀式為例：《禮記・郊特牲》中便記載了，關於古代伊耆氏在每年十二月舉行的蜡祭中所使用的歌謠，而歌辭的內容是在傳達人們對生存條件上的希求：「土反其宅，水歸其壑，昆蟲毋作，草木歸其澤。」[55]這一類歌謠即是該時期祭禮中的祭辭，顯示了當時在祭禮中禮樂合用的現象。

　　從上述幾類大型的社會集體活動，常可見禮樂相須為用的情形，而在這些活動中所用之樂，由雅俗之樂區分的觀點而言，或許其形式上主要屬於當時雅樂之類。也由於雅俗之樂的區分及大量的社會儀式，使得原始社會的禮樂文化逐漸趨向制度化與系統化的發展，這樣的發展趨勢，事實上也提供了到周代時大規模制禮作樂時的取材與參考。由於當時社會對禮樂活動的重視，繁複的禮樂之文，將日常生活之間大小諸事都納入到禮樂的規範之中，不知禮樂者簡直寸步難行，無以立足於社群之中，長此以往，禮樂的活動逐漸內化，而形成一種人內在必備的觀念。

　　禮樂文化是經由氏族社會至周代的漫長發展歷程中，以漸進的方式，將禮樂活動逐步遍及人生生活中食、衣、住、行的各個層面之中。所謂「禮儀三百，威儀三千」，主要是針對人

的行為活動所作的安排與規劃，並透過對儀則的實踐過程，使人的行為舉止達到協調適宜。由此推知，到周代時，對於禮樂制度的認識，已成功的轉變為一種「以人治人」理念下的禮樂制度。換言之，在周代的禮樂制度之下，任何一種禮樂的規定，都必當有與之相應的生活經驗作為基礎。基於這種理解，而欲探究中國禮樂之說的深義，同樣也必須返回人實際生存的活動經驗之中加以辨析。以下即秉此說法為線索，討論禮樂活動的實質意義。

對於繁瑣典禮儀文，甚至每一儀式中所應採用的器皿、服飾、犧牲、方位宮室皆有訂制，如何使其踐履出來，讓人瞭解其旨意，是煞費工夫的大事，凌廷堪提出學習為方法，透過知識上的瞭解，與實際上的操練，來達到實踐禮儀的目的，他說：「三代盛王之時，上以禮為教也，下以禮為學也。……蓋至天下無一人不囿於禮，無一事不依于禮，循循焉日以復其性于禮而不自知也」。[56] 對於繁瑣的儀節，唯有透過實際操練才能深入人心，讓人體驗出其中的情感義分。

《荀子‧樂論》曰：「人不能不樂；樂則不能無形，形而不為道，則不能無亂。」荀子認為「樂」是一種人不可避免的活動，且「樂」又必定會表現在各種外顯的行為動作上，而對此人之所不能免的活動，若是不加以適當的疏導則必生亂。再者，所以不論是「樂」的活動表現或是其他向外欲求的作為，都必須加以導正和度量，否則皆會因此而產生爭亂的行為。

凌廷堪堅信學禮樂足以化性，對於音樂的研究深入，《燕樂考原‧序》中慨嘆曰：「世儒有志古樂，不能以燕樂考之，往往累黍截竹，自矜籌策，……廷堪于斯事，初亦未解，若涉大水者」。[57] 由於燕樂是極其專業的，因此凌廷堪「稽於典

籍，證之以器數」，發現自宋以來，汨於儒生之陋數百年，他
於是考以陳編，按以器數，積之以歲月心力，而得其條理，淩
廷堪於樂用力之深，足見其對於樂達到移風易俗的作用的期
許。

注　釋

1　淩廷堪，《詩集・序》（北京：中華書局，1998），頁55。

2　許倬雲，《尋路集・倫理的定義》（北京：八方文化，1998），頁145。

3　孫希旦，《禮記集解》（臺北：文史哲出版，1990），卷五十八，頁
　　1411。

4　淩廷堪，《文集・復禮上》（北京：中華書局，1998），卷四，頁187。

5　《禮記・冠義》，第四十一，頁960。

6　孫希旦，《禮記集解》，卷五十八，頁1412。

7　三加，冠禮三加，始加緇布冠，再加皮弁冠，三加爵弁冠，皮弁尊於緇
　　布冠，爵弁又尊於皮弁。

8　《文集・復禮上》，卷四，頁187。

9　《禮記・冠義》，第四十一，頁961。本附圖見於《欽定四庫全書》，第
　　一二九冊，頁34～36。

10　淩廷堪，《文集・復禮上》，卷四，頁187。

11　淩廷堪，《文集・復禮上》，卷四，頁188。

12　見《禮記・士昏義》，第四十二，頁966。

13　附圖3-2見於《欽定四庫全書》，第一○四冊，頁30。

14　孫希旦，《禮記集解・昏義》，卷五十八，頁1416。

15　同上注，頁964。

16　孫希旦，《禮記集解・昏義》，卷五十八，頁1418。

17　《文集・復禮上》，卷四，頁187。

18　同上注，頁188。

19　附圖3-3，見於《欽定四庫全書》，第一○四冊，頁38。

20　見《禮記・表記》，第三十一，頁847。原文為：子曰：無辭不相接，無
　　禮不相見也。欲民之毋相褻也。孔子認為，聚會的時候，沒有言辭，就
　　不相接，沒有見面禮，就不相見，這樣規定，是要使人民不要互相褻
　　瀆。

21　見《禮記・曲禮上》，第一，頁7。

22　「鬯」，是祭祀用的酒，以鬱金草泡黑黍酒製成，天子至尊，沒有客禮，
　　見面所賜不過鬯酒。「匹」就是鴨。「童子之摯」，不定為何物，但隨其

所有，委摯而退，是放下禮物便走，不行授受之禮。「纓」是馬項上的飾物。「拾」是射箭時用的裹袖設韝。

23　見《禮記·曲禮下》，第二，頁76。

24　同上注。

25　同上注。

26　附圖3-4，見於《欽定四庫全書》，第一〇四冊，頁60。

27　孫希旦，《禮記集解·鄉飲酒義》，卷五十九，頁1427。

28　《文集·復禮中》，卷四，頁188。

29　同上書，卷二，頁178。

30　《文集·復禮上》，卷四，頁187。

31　附圖3-5，見於《欽定四庫全書》，第一〇四冊，頁136。

32　同上注。

33　見《周禮·春官》，卷五，頁192。附圖3-6，見於《欽定四庫全書》，第一二九冊，頁134～135。

34　見《文集·覲義》，卷四，頁193。

35　同上注。

36　《文集·復禮上》，卷四，頁187。

37　詳見胡適，《戴東原的哲學·附錄·孟子字義疏證》（臺北：臺灣商務印書館，1963），頁240。

38　《文集·好惡說上》，卷十六，頁274。

39　荀況，《荀子》（臺北：臺灣商務印書館，1965），第164頁。

40　《文集·好惡說上》，卷十六，頁274～275。馬、牛、羊、雞、犬、豕稱為六畜。

41　同上注。

42　《文集·好惡說上》，卷十六，頁275。

43　上論參見鄒昌林，《中國禮文化》（北京：社會科學出版社，2002），頁226～227。

44　見《文集·與阮中丞論克己書》，卷二十五，頁344。

45　同上注。

46　見阮元，《揅經室集·論語論仁論》，卷八，頁161～165。

47　同上注。

48　同上注。

49　《文集·復禮中》，卷四，頁188。

50　參見林啟彥，《中國學術思想史》（臺北：書林，2002），頁204～205。

51　見《詩集·學古詩二十章》，卷五，頁95。

52　《文集·慎獨格物說》，卷十六，頁277。

53　《文集·復禮上》，卷四，頁187。

54　以上參考張壽安，《以禮代理——凌廷堪與清中葉儒學思想之轉變》（臺北：中研院近史所，1994），頁57～61。

55　王夢鷗，《禮記今注今譯》，第十一，頁 426。
56　見《文集‧復禮上》，卷四，頁 187。
57　見《文集‧燕樂考原序》，卷二十六，頁 353。

淩廷堪「以禮代理」之禮學主張

　　清以夷狄建立政權，為取得滿漢文化的統一，以凝聚士人的認同，便選擇以正統儒學「程朱理學」做為官方哲學統治的思想，康熙宏獎理學以提高朱子地位，重刊表彰《性理大全》，為《性理精義》又重刊《朱子全書》，在五十一年二月丁巳諭令詔示朱子配祀，推朱子尊於十哲之列，使之成為第十一哲，此時士人紛紛迎合上意，刻意尊奉，一時之際，朱學蔚為權威。康熙尊尚主敬，隆學躬行，大力鼓吹理學做為倫理綱常，甚至頒布「聖諭十六條」，以規範人民生活之準則（參見附圖 4-1），[1] 其內容為：

> 敦孝弟以重人倫，篤宗族以昭雍睦，和鄉黨以息爭訟，
> 重農桑以足衣食，尚節儉以惜財用，隆學校以端士習，
> 黜異端以崇正學，講法律以儆愚頑，明禮讓以厚風俗，
> 務本業以定民志，訓子弟以禁非為，息誣告以全良善，
> 誡窩逃以免株連，完錢糧以省催科，聯保甲以弭盜賊，
> 解仇忿以重身命。[2]

顯然，康熙以儒學道統的繼承者自任，藉理學提倡以維護功

令，以程朱的道統學說做為繼統的治統說，以儒家四書、五經做為倫理普遍綱常，試圖藉此將道統與治統合一，統馭萬民、教化民心。其尊崇朱子提倡理學，利在統馭安邦之治，此際朱學地位崇高，無人敢於議論。

聖祖歿後，四庫館臣輕訕宋儒，尊朱態度已然轉變，朝廷尊朱由此旁轉，無意再倡理學，自後程朱漸失厲世摩鈍。君主為鞏固皇權控制民心，造就了政權「君尊、臣卑」；「君賢、民順」的階級模式，用以維護大清帝國的億載基業。康熙歿後，雍正、乾隆形式上尊朱，然實質上卻背朱，種種籠絡的手法，皆為鞏固統治而發，此時世風趨之錮塞，面對聖人心性之道：於孔孟則曲解；於程朱則反對。如是尊朱、背朱的轉變，

附圖 4-1：清聖諭宣講圖。

而可知清政府為鞏固政權穩定，以高壓政策進行文化統治，一面強行取締反滿；另方面尊奉程朱為「集大成而續千百年絕傳之學」，企圖以一元思想宰制人民服膺。

清中葉由於社會的轉變與思潮的演進，「實學思潮」應運而生。清代學風隨著實學思潮演進，經世致用便成為士人治學的圭臬，而「崇實黜虛」則成為當下經世所彰顯的課題。其後，隨著清政權的穩固，統治者高壓的控制，相對地也主導學術文化的走向，遂此乾嘉漢學的考據學，便一枝獨秀成為經世致用之鑰，相伴著文字、音韻、訓詁、輯佚、目錄與版本等也迅速獲得可觀之成就，於是清代學術便進入全面總結既有成果的輝煌時代。戴震親身目睹文字獄之慘禍，見證以理殺人殘酷的圖圄，對於理學異化的荒謬，遂生悲憤之感，也埋藏日後反動理學的動機，以下就淩廷堪對「以禮代理」說作論述。

第一節　以「禮」匡濟理學末流之弊

宋代學者倡言理學，認為「理」與「禮」為等同義，如周敦頤《通書》便說：「禮，理也。樂，和也。陰陽理而後和，君君、臣臣、父父、子子、夫夫、婦婦。萬物各得其理然後和，故禮先而後樂。」[3] 理的內容依「禮」而得安頓，「理」是形上的根源，用於萬物；而「禮」是人事規則，用在人事，二者之間的等同關係，建於實際內容的類比上。而另一個理學家程頤則說禮、理為形上根源的探索，說明理是人性的依據，等同於「禮」的內在義理，他說：「視聽言動，非禮不為，即是禮，禮即理也。不是天理，便是私欲。」[4] 程頤除了在解說中將「禮」等同於「理」，「不合禮」等於「非理」，強調「禮」

的義理、實踐等價值根源的層面，認為名物度數、應對進退，是「禮之粗」，而道德性命才是「禮之精」，因此歸結出「禮在外」、「理在內」的差異。

由於這樣的一派系統發展，到了晚明因論「良知」而流入偏鋒，當時儒者「舍卻當下不理會，搬弄陳言」，以世事所涉為閒談，以講論章句為陋儒，真是教人除卻當下良知之外，一事不必及之，則其空疏、不切實際卻是顯而易見的。原以倫理道德為核心的「理」學，正人心、救風俗本為其標的，而此時卻已經完全走到了背離道德、絕學任智的相反方向了。凌廷堪於是反推漢儒註解章句，都是有言有據，最能得聖賢精義，因此，用功於古籍之上，講求有一分證據，說一分話的求實態度。

漢學專治始於乾隆以後，當時儒者「說經皆主實證，不空談義理」，[5] 漢學家們認為：「魏、晉而降，儒生好異求新，注解日多而經益晦，……古學之不講久矣」。[6] 尤其是宋元以來，士大夫高談性命，至於聲音訓詁未及講求，使經學落到了魚目混珠、真偽莫辯的地步，也使聖人之道的真面目如墮五里霧中，於是他們抨擊宋學，推崇漢儒經說，理由主要有二。其一，漢代經學去聖未遠，最為純正可信，阮元說：「兩漢經學，所以當遵行者，為其去聖賢最近，而釋、道之說尚未起也。」[7] 其二，漢儒家法嚴謹，有章可循，惠棟就說：「漢儒通經有家法，故有五經師，訓詁之學，皆師所口授，其後乃著竹帛。」[8] 清儒藉由讀古書，提出對宋學批評，除了對宋學真理性的懷疑，也批評宋學的學風與方法，凌廷堪更觸及理論核心，贊成戴震所提出的「以理殺人」。

戴震感嘆世人意見為理，卻不知私理殺人，為糾正當下時

人弊病，戴震為此自許重建「理」之志業，一方面排詆宋儒，另方面指斥理氣之辨，至《孟子字義疏證》中更是展開全面性的批判，步步地印證急欲重建「理」的用心。顯然戴震重建孟學之用意，乃有感後人意見率理，盡以意見誤理責人，他重建孟學，藉對孟子義理的認知，回歸六經批判程朱，以釐正孔孟之道，對理學也提出了質疑，戴震認為：「仁、義、禮三者合之曰『善』，天下之大恆也。」[9] 而天下之生生者謂之仁，條理者是禮，斷決者是義。又說：「顯之為天明謂之命，時之為化之順謂道，循之而分治有常謂之理。」[10] 以「理」字為例，六經中孔、孟之言以及傳記群籍「理」字不多見，自宋代學者提出「天理」之後，「理」字始成為理學的核心內容和重要概念，理學家甚至以理為「如有物焉，得於天而具於心」，構建出一個獨立於物質世界之外的永恆存在的「理」，並推之於人倫日用，把理、欲截然對立起來，強調「不出於理則出於欲，不出於欲則出於理」，極力宣揚「存天理，滅人欲」的主張。隨著理學被尊為統治者的正統官方學術，理學家的這套理欲之辨日益成為統治者，藉以束縛廣大民眾，維護其政權統治的思想工具和精神枷鎖。戴震洞察這一情形，故於〈孟子字義疏證〉中，開卷即先辨「理」字。他明確指出：「理者，察之而幾微，必區以別之名也，是故謂之分理；在物之質，曰肌理，曰腠理，曰文理；得其分則有條而不紊，謂之條理」。[11] 這些條理具體的存在於每一事物當中，事物總是依照一定的條理或規則存在，形成秩序，這便是「禮」。

　　淩廷堪之思想在特定點上承繼了戴震之說而再推展，他親證道德理學的變質，社會機制又被迫在酷刑的控制下，人身安全深刻受到霸權宰制，眼看社會秩序失去了倫理安置，規範性

的「理」遂淪為生命存在的桎梏，而反思如此，人何以得其安
頓？理又如何得以體證？故開始對理學內容作深入省思，並提
出「禮」來代替「理」。錢穆先生在《中國近三百年學術史》
中提到了「以禮代理」來說明戴震、淩廷堪、焦循、阮元等學
者的主張。他說：

> 以禮代理，尤為戴氏以後學者所樂道。如淩廷堪、焦
> 循、阮元其著者也。[12]

以禮代理的思潮，一般認為名物訓詁的學風來自實學，重視禮
學的實踐，且反對宋儒言理之學。然而重視禮並非完全反對理
學，而是將學術內容加以轉化，以理為出發點，而著重實踐發
揚禮學，回歸講學，以「復禮」為目標。

淩廷堪遍考《論語》、《大學》，說法皆未嘗有理字，因此
認為「理」不過是後儒在熟聞釋氏幽深的性理之言下，有自慚
之意，遂亦「深求之流入於幽深微眇」者也，況且芸芸眾生、
日用之間，如果凡事「但以心與理衡量之，則賢智或過乎！中
愚不肖或不及乎！」[13] 他認為宋儒每每以理事並稱、體用對
舉，一昧追求內向玄虛的性理，其實並不能提供百姓日用倫常
之遵循，更不足為天下法，能夠在生活中發揮實效的只有
「禮」，因為：

> 道無跡也，必緣禮而著見，而制禮者以之，德無象也，
> 必藉禮為依歸，而行禮者以之。[14]

所以五常皆以禮為綱紀，實際上吾人所用來節心者，禮也，節

性者,亦禮也,禮才是「萬世不易之經也」,如果舍禮而求所謂道者,杳不可憑矣。舍禮而別求於所謂德者,虛玄無所薄矣!禮才是具體的經驗法則。淩廷堪得到了「聖學:禮也,不云理也」的結論,極力呼籲宏揚「禮學」以代替宋明微眇、難以具體掌握的理學。[15] 淩廷堪認為禮才是聖人所以教,是「本於天地人三才而制也」,[16] 使其秀者有所憑而入於善;頑者有所檢束而不敢為惡,上者陶淑而底於成,下者亦漸漬而可以勉而至。所以說:「聖人之道,所以萬世不易者,此也;聖人之道,所以別於異端者,亦此也」。[17] 這和宋儒將一切人倫日用歸於理的做法,淩廷堪當然要極力加以駁正。[18]

至於格物,淩廷堪指出「格物」所格者當是〈禮器〉,而非宋儒所言之泛指天下之物,否則終生也不能盡識,人若能先習器數儀節,然後自能知禮之原於性,而達到「致知」,這種說法,顯然對於理學家所提的「格物致知」大相迥異。至於理學家所論的《大學》「誠意」,淩廷堪也加以駁正,他認為若舍禮而言誠意,則正心不當在誠意之後,正如《禮記》所說「非禮不動,所以修身也」,而修身以道,修道以仁,因此,禮所生也,是道實體也。而修身為本者,「禮」而已矣,修身為天下之本,而禮又為修身之本,理學家置子思之言而不問,別求所謂仁義道德,而將「禮」視為末務,只以一「理」衡量之,因此所言所行當然就失其中允,是故,君子應尊德行而道問學,致廣大而盡精微,極高明而道中庸,溫故而知新,敦厚而崇禮,以禮而代理。

第二節 藉「習禮」以「復性」的經驗義強調

　　凌廷堪禮學思想可從《文集·復禮》上、中、下三篇，見其主張，以實有思想為基礎，以慎獨為方法，以修身為目的，強調「以禮代理」思想為特色，建構獨樹一格的思想架構。「復禮」二字，見於《論語》「克己復禮」一章。馬融（79～166）訓「克己」為「約身」，宋儒則解為「己」字是指私欲，但是戴震並不贊成私欲的解法，凌廷堪推衍戴震而列舉《論語》用「己」字的話十餘條，證明《論語》並沒有把「己」字當私欲講。他說：克己即修身也，「故修己以敬」，「修己以安人」，「修己以安百姓」，直云修，不云克。《中庸》云，「非禮不動，所以修身」。動實兼視、言、聽三者，與《論語》顏淵請問其目的正相合，辭義尤明顯也。[19]「克己復禮」應該釋為「非禮勿動」等事，即是用禮來約身修身，凌廷堪的〈復禮〉三篇，正式擴充這個意思，用禮來籠罩一切。[20]〈復禮〉下說：聖人之道，至平且易也。《論語》記孔子之言備矣，但恆言禮，未嘗一言及理也。……彼釋氏者流，言心言性，極於幽深微眇，適成其為賢知之過。聖人之道不如是也。其所以節心者，禮焉爾，……其所以節性者，亦禮焉爾，不侈談夫理氣之辨也。

　　修身是為學的目的，唯有「禮」方能節人之心，制人之性。

　　在《詩集·學古詩二十首》中，凌廷堪更深化了這個論題，他說：

> 民受天地中，不能無偏陂，聖人知其然，制禮以節之。
> 其精原性命，其跡惟威儀，吉凶賓軍嘉，一一非矯為。
> 優游就矩則，大道自可幾，復禮聖所訓，約禮賢所希。
> ……舍禮而談理，語錄空費辭。[21]

在詩中凌廷堪除了對宋明理學之空疏提出反對之外，更深刻強調「習禮復性」的重要，他甚至提出不明禮之弊，「儒者不明禮，六籍皆茫然」，[22] 凌廷堪一向主張從古籍中作學問，而「禮經」又是學之本，因此若「能於此有得，自可通其全」，而明禮得以貫通群經，所以他說「不明察祀制，洛誥何以詮。不明宮室制，顧命何以傳。不明有司徹，安之楚茨篇。不明大射儀，安能釋賓筵。不明盥與薦，象易孰究研。不明聘與覲，春秋孰貫穿」。[23] 他大聲疾呼，強調「復禮」主張。

至於「復禮」的方法，凌廷堪希望透過日用倫常來學習禮儀，於是《詩集》中有言：「仁義禮之質，復性在踐履」。[24] 因為禮不只是維繫社會秩序的外在規範，也兼具變化氣質、端正人心的內在功用。凌廷堪闡明禮的道德功能，包括禮與人性的內在聯繫、和禮之貫徹的可能性。會有這種疑慮，是因禮制的本原上，若禮只是為了某些客觀需求而被強行訂制的律令，那麼這種禮制或許會違背人之本質。再者，如何將繁瑣之禮透過道德修養的方法來實踐？也正是如此，「習禮復性」便是最佳方法。

凌廷堪於〈復禮〉上中論述性情與禮的生成關係，將聖人之道歸結為一個「禮」字，他說：

> 夫人之所受於天者，性也。性之所固有者，善也。所以

> 復其善者，學也。所以貴其學者，禮也。是故聖人之
> 道，一禮而已。[25]

凌廷堪對於禮學的推崇由此可見，但是，就人性而言，要一個
人行為接合於天道、不踰矩，恐怕非眾人皆能做到，因此性本
至中，而人情不能自發及於至中，因而需要藉「禮」以節之，
禮之用，也正是在恢復人性中的至中，因此，非禮何以復其
性？聖人提倡五倫，都是根於性，方能讓父子有親、君臣有
義、夫婦有別、長幼有序、朋友有信，唯有借助於禮，錢穆先
生也將凌廷堪之復禮分為情、性兩方面：

> 次仲分言情、性，以性為具於生初，情則緣性而有，實
> 即宋儒先後天之辯也。以性本至中，情則不能無過不
> 及，實則宋儒性本至善，夾雜氣質乃有不善之說也。[26]

這裡所說的「情」、「性」之辨，可透過「習禮復性」來實
踐。凌廷堪在三篇〈復禮〉中，就是想要有效地推行德治理
想，經由「禮制」的推廣，實際約束人心，移風易俗，以禮儀
教化建立綱常名教，再三以各種禮儀的演練為強調，希望透過
禮儀之學習，而發揮「禮」之節性作用，進而達到復其性善的
目的。[27] 而禮並非只是一種學問或儀式而已，他是要實際落
實到人倫日用中的，是需躬行踐履的一種行為。

　　此外，凌廷堪倡「慎獨」，於〈慎獨格物說〉中將《禮
記・禮器》中的概念依羅列，申術其義，並為《中庸》的慎獨
之說與《大學》中所列舉的「誠意」「正心」等修身功夫次第
做為貫串的依據：

〈禮器〉曰：禮之以少為貴者，以其內心者也。德產之致也精微，觀天下之物，無可以稱其德者，如此則得不以少為貴乎？是故君子慎其獨也。……然則，《學》《庸》之慎獨，皆禮之內心精微可知也。[28]

這段話是淩廷堪認為是《大學》《中庸》慎獨的真意。「獨」指自己內心的虔誠，依《禮記・禮器》之意，禮有以少、以多為貴，若是「以多為貴者」，皆屬於內心以外的排場，因為王者統治的事物極為廣博，貴為天子，富有四海，因此行禮便需以多為貴。反之，「以少為貴者」，是屬於內心的敬意，因為己身是上天所生、父祖所生，因此和上天比較而言，己身所成就的功業，實在配不上，因此，對崇高偉大者致敬，當然要以少為貴，因此，君子要特別注意自己內心的敬意。次外，又說：

君子之於禮也，有所竭情盡慎，致其敬而誠若，有美而文，而誠若。[29]

可見，淩廷堪認為論修養，非「慎獨」不可。為了對比《大學》《中庸》之說，他又引文加以說明：

《中庸》曰：莫見乎隱，莫顯乎微，故君子慎其獨也。《大學》曰：此謂誠於中，形於外，故君子必慎其獨也。[30]

淩廷堪的闡釋是：以〈禮器〉證之，「慎獨」非指禮而言者耶？「今考古人之所謂『慎獨』者，蓋言『禮』之內心精微，

皆若有威儀臨乎其側，雖不見禮，如或見之，非人所不知，己所獨知也。」[31]

凌廷堪提倡慎獨之說，體察用威儀來實踐，以禮為遵循內容，達到自我修養之目的，正是所謂「復性以禮」。這一個概念，並非朱子以來之理學家，清初禮學家所倡的「復禮」，凌廷堪強調的是以內聖為主，注重自我的修養，極力闡釋「內心精微」、「己所獨知」的禮與實現之道。

凌廷堪的「學禮復性」，「復性」其實是「復禮」，強調的是透過「學」來實踐，而「學」的內容是指「格物」、「致知」、「窮理」，貫串這一些德目的是慎獨、博學約禮，重視《禮記‧禮器》篇的精神，藉由「喪服制度」中強調的禮意論述，發揮「聖學禮也」的涵意，從喪服中的人倫涵意：「親親之殺、仁中之義、尊賢之等、義中之義」概念的區辨；進而述及：「義因仁而後生、禮因義而後生」的原理與順序；最後發展而為「至親可以揜義、大義可以滅親」的抉擇理據。這三層人倫的涵意，是由「恩」而「義」最後及於「禮」，也正是先王制禮之大原，這樣的思想正好可以於強調實用的乾嘉學術中受到矚目，甚至受到當代與後學的重視。

第三節　清儒「食色性也」共識之反映

清代荀學有復活的傾向，有不少學者為荀子做了翻案文章，提出與道學家完全不同的見解，凌廷堪也極力為荀子正名，他作〈荀卿頌〉，讚揚荀子：

> 七姓虎爭，禮去其籍，異學競鳴，榛蕪疇闢，卓哉荀

卿，取法後王，著書蘭陵，儒術以昌本禮，言仁厥性，
乃復如范，……孟曰性善，荀曰性惡，折衷至聖，其理
非鑿，善固上智，惡亦下愚，各成一是，均屬大儒，…
…敬告後人，毋岐視焉。[32]

淩廷堪推崇荀子是從「禮」學的角度出發的，他認為禮對於人
生的價值，是矯性養欲、規範行為；從人生之維度檢視禮，荀
子發現禮之於人，則是不可違抗的人生之道。禮對於人生而
言，其價值主要體現在矯性養欲和規範行為兩個方面，其一，
人是充滿欲望的感性存在，人所先天稟賦的內在之性指向
「惡」。也就是說，相對於社會而言，人性在價值層面只有負面
意義，若按照人性的本來需求而發展，意味著順性縱情、惡欲
橫流，其後果不堪設想。其二，人既是感性存在，同時也是社
會性存在，禮則是作為社會存在的人的行為規則。荀子不僅界
定禮為人生的實踐指南，而且還揭露常人步入生命歧途、跌入
錯誤深淵。禮是先王之道、治國之道、人生之道、宇宙主宰，
禮具備政治價值、人生價值、形上價值，禮對於政治和人生、
自然和社會，因而是有絕對意義的存在。因此「復性」唯一的
途徑只有「禮」。

　　淩廷堪在〈荀卿頌〉中又說：「如范范金，如繩繩木金，
或離范木或失繩，徒手成器，良工不能」。[33]他認為鑄金的范
具，削木的繩墨，是復性的唯一途徑，正是清儒所認為「禮」
在現實生活中的最大效用，因此，對於《中庸》所言「發而皆
中節謂之和」，淩廷堪謂「非自能中節也，必有禮以節之」。[34]
其所凸顯的，就是禮的外在制約力量。故對於「以情為性」的
清儒而言，在實際生活中，不能無過與不及的情，就是經由學

習禮儀,而收節心、節性及束身之效的。[35]

宋儒提出「存天理,去人欲」的主張,淩廷堪則充分肯定人與生俱來的「聲色臭味」、「血氣心知」的自然本性。他站在肯定人欲的立場上,所關懷的重點,不是天理人欲對立模式下的「去人欲」,而是以「防、節情欲過與不及」為考量的「如何節性」。這一點他是發揚戴震的說法,戴震說:

> 人生而後有欲、有情、有知,三者,血氣心知之自然也。給於欲者,聲色臭味也,而因有愛畏,發乎情者,喜怒哀樂也,而因有慘舒,辨於知者,美醜是非也,而因有好惡。聲色臭味之欲,資以養其身;喜怒哀樂之情,感而接於物;美醜是非之知,極而通於天地鬼神。因此,舉凡飢寒愁怨,飲食男女,常情隱曲之感,則名之曰人欲。[36]

人欲不僅是合理的,而且與天理之間有著不可分割的聯繫,人們常常以個人偏見為理,欺壓弱者,為禍於民之不合理現象。在充分肯定人欲合理性的基礎上,戴震明確提出:「人倫日用,聖人以通天下之情,遂天下之欲,權之而分理不爽,是謂理」。[37]他尖銳地批評宋儒「截然分理欲為二,治己以不出於欲為理,治人亦必以不出於欲為理,舉凡民之飢寒愁怨、飲食男女、常情隱曲之感,咸視為人欲之甚輕者也」。[38]理學家的這種「理欲之辨」適成人而殘殺之具,其所謂理者,同於酷吏之所謂法。酷吏以法殺人,後儒以理殺人,近乎舍法而論理,死矣,更無可救矣!淩廷堪在肯定人欲的大前提下,認同欲不可無、欲是人性的自然流露,因此,欲只能適度節制,加以引

導，盡量求其合於禮便行，不需要加以滅絕，是故以「禮」治之，才是最切實有效的方法。

　　清儒認為在面對「食色性也」、「飲食男女」等人之大欲時，所需要的是「禮」而非「理」。因此，宋儒以道德價值為標榜、以是非為判斷的「理」，就不是建構秩序的良方了，取而代之的非「禮」莫屬，而且「理」常憑於虛，此亦一是非，彼亦一是非，雖父兄在前，不難以口舌爭是非，所以不能人人共信之。焦循認為當眾人都呶呶不已，各持一理時，「為之解者，若直論其是非，彼此必皆不服；說以名分、動以遜順、置酒相揖，往往和解。可知理足以啟爭，而禮足以止爭也」。[39]因此用實有所憑的「禮」，以名分、遜順，來取代空無依傍的「理」，以及是非之爭，才是建構社會秩序最有效的良方，清儒肯定「食色性也」主張。

　　淩廷堪禮學思想中不脫清儒共同模式的「食色性也」，[40]承認「欲亦性之所有」，淩廷堪在強調禮能「復其性善」之餘，更強調禮之「節其不善」之功能，他從「情」之「好惡」角度出發，認為性是以好惡兩端來呈現，正如人之好好色，惡惡臭，皆是「性」之呈現。

第四節　論證孔子「言禮不言理」

　　「禮」在孔子思想中占了極重要的地位，而孔子所謂的《禮》，主要指遵守宗法等級秩序的生活規範和道德規範，學《禮》可以使尊卑、貴賤、親疏有別，免天下於危亂。是以學習《禮》可使人行為得措，和諧平易，性情柔順。孔子面對禮制崩壞的春秋時代，所要做的第一件事就是，將規範周人生存

秩序的周禮重新定義、轉化。他說：

> 禮云，禮云，玉帛云乎哉？樂云，樂云，鐘鼓云乎哉？[41]

孔子要人們重新反省，所謂的「禮」，不只是玉帛鐘鼓這些儀
文而已，而禮的本質，也絕不是這些禮儀形式而已。因為「禮」
的根本乃是存乎內在的「同理心」，而非存於外在的形式儀
文。孔子一方面繼承傳統，一方面將「禮」轉化成人所本有的
德行，使「禮」變成了德行的表徵。

凌廷堪在〈復禮〉中指出：

> 夫人所受於天者性也，性之所固有者善也，所以復其善
> 者學也，所以貫其學者禮也。是故聖人之道，一禮而已
> 矣。[42]

他明確指出禮關係一切，一切不出乎禮。至於宋儒奉為萬物準
則的理，他則引用孔子之言說：「《論語》記孔子之言備矣，
但恆言「禮」，未嘗一言及「理」也。」[43]可見孔子並未嘗提
出「理」這個字，而是後人妄加以解釋的而已。而聖人之道也
是本乎禮而加以擴充的，聖人舍禮則無以為教，賢人舍禮無以
為學。孔子在《論語》不斷提到自己對禮的重視，如《論語·
季氏》曾記載了一段對話：陳亢問於伯魚曰：「子有異聞乎？」
對曰：「未也。……他日，又獨立，鯉趨而過庭。」曰：「學
禮乎？」對曰：「未也。」「不學禮，無以立！」鯉退而學
禮。聞斯二者。」陳亢退而喜曰：「問一得三：聞《詩》，聞
禮，又聞君子之遠其子也。」陳亢聽完了伯魚的話後，高興地

說：「問一得三：聞《詩》，聞禮，又聞君子之遠其子也。」
可見他在老師那裡，也獲得了同樣的教育，這也說明了孔子不
僅以禮來教導自己的孩子，同時也以禮來教導他的學生。其次
在〈子罕〉中亦載顏淵之言道：

> 顏淵喟然歎曰：「仰之彌高，鑽之彌堅，瞻之在前，忽
> 焉在後！夫子循循然善誘人，博我以文，約我以禮。欲
> 罷不能。既竭吾才，如有所立卓爾。雖欲從之，末由也
> 已！」[44]

顏淵自陳說，夫子用「禮」來約束他，這也顯示了孔子以「禮」
來教導學生，故「禮」為學習的內容之一。而孔子所教予弟子
的禮，即是周禮。禮的範圍很廣，上至宗法政治、經濟、軍
事、文化等各方面的典章制度，下至人們的生活日用風俗習慣
和行為規範。《論語》中，孔子以「禮」教導學生的例子繁
多，茲舉數例參看之：

- 子貢問曰：「貧而無諂，富而無驕，何如？」子曰：
  「可也。未若貧而樂道、富而好禮者也。」
- 定公問：「君使臣，臣事君，如之何？」孔子對曰：
  「君使臣以禮，臣事君以忠。」
- 林放問禮之本。子曰：「大哉問！禮，與其奢也，寧
  儉；喪，與其易也，寧戚。」
- 子曰：「事君盡禮，人以為諂也。」
- 孔子曰：「不知命，無以為君子也。不知禮，無以立
  也。不知言，無以知人也。」

- 顏淵問仁。子曰：「克己復禮為仁。一日克己復禮，
  天下歸仁焉。為仁由己，而由人乎哉？」顏淵曰：
  「請問其目。」子曰：「非禮勿視，非禮勿聽，非禮
  勿言，非禮勿動。」顏淵曰：「回雖不敏，請事斯語
  矣！」[45]

　　凌廷堪極重視古籍的考證，當他看了這麼多孔子對於「禮」
的詮釋後，當然對於宋儒的「理」就可加以指正，他說：「詩
書，博文也，執禮，約禮也，孔子所言雅者也。顏淵大賢，具
體而微，其問仁，與孔子告知為仁者，唯禮焉爾。……聖人不
求諸理，而求諸禮。」[46] 從顏淵向孔子詢問仁，孔子說，能夠
使自己的言行合宜，合乎禮節，即是「仁」。其具體內容就是
「非禮勿視，非禮勿聽，非禮勿言，非禮勿動。」至於宋儒的
「理」學，他直接宣稱「宋儒之理義乃禪學」，認為程朱應為此
負主要責任，正是他們開了援釋入儒的先河。在凌廷堪看來，
理學借助佛釋的理事、體用等概念來闡釋儒家經典，是對聖道
的一種污蔑和誤解，並使聖人之教流於空談，難以實踐。所以
他說「考《論語》及《大學》皆未嘗有「理」字，徒因釋氏以
理事為法界，遂援之而成此新義。是以宋儒論學，往往理事並
稱。……宋儒最喜言《學》、《庸》，乃置好惡不論，而歸心釋
氏，脫口即理事並稱，體用對舉。不知先王制禮，皆所以節民
之性，好惡其大焉者也，何必舍聖人之言而他求異學乎？」為
了維護聖道的純潔性，他主張將這些概念從儒學中徹底清除出
去，凌廷堪的立論，一方面表明了他反理學的堅定立場，另一
方面也揭示了他與大多數漢學家一樣，長於實證，而短於思辨
和理論建構。

　　雖然錢穆對淩廷堪的觀點曾作過評價，他說「次仲此論，證宋儒以「理事」、「體用」字解經，原於釋氏，援據猶明備。然六籍所無，而為義蘊所宜有，後儒加之發明，此正後儒之功。……且宋學與釋氏雖同言「理」同言「體」，其為學精神途轍固非無辨；若必以考覈為義理，即以用字之同，證其學術之無異，排宋入釋，奪儒歸禮，如次仲云云，乃亦仍有未得為定論者。」[47]顯然錢穆先生對淩廷堪的論點，頗不贊同，認為淩廷堪的推理太過簡單化，然淩廷堪在這個問題上的偏激，是由於他推崇原始儒學的立場所致。

第五節　以「好惡」論性

　　傳統儒學對於人性問題的看法，有過種種的探討，從孟子的性善說、荀子的性惡論、漢代揚雄講性善惡混，直至唐代李翱提出性善情惡說，主張要滅情復性，這都是對人性問題展開充分的討論。發展到宋明理學家的手上，張載首先將人性劃分為「天地之性」與「氣質之性」兩種。「天地之性」指氣之先天虛，而神的本性在人性中的體現，是仁義倫理道德的本原，是純然至善的；「氣質之性」則指人所秉氣所帶來的清濁厚薄屬性，是形而後有的，故有善有惡。後來的程頤、朱子等正統理學家繼承了張載的二重人性論，但揚棄張載論天地之性中太虛的講法，提出「天命之性」與「氣稟之性」的主張。程頤說：「天命之謂性，此言性之理也」、「性即理也」，便是將天命之性的內涵定之為天理，內容是仁義理智的綱常表現，是先驗的道德本原，人之性就是天地之性，是宇宙本體之理或天理的體現，是純粹至善的。但由於人秉氣的清濁，使得天命之

性的體現有明覺與昏蔽之別，因此說「氣稟之性」有善與不善之分，這也是人之所以為惡為善的原因。

凌廷堪說：

> 夫人之所受於天者，性也。性之所固有者，善也！[48]

可見凌廷堪不反對先儒性善之說。尤其討論到禮與人性的內在聯繫時，肯定人性中涵括仁、義、禮、智、信五種特質，兼通道德本原源自人性之善，人能復禮行禮，即能至於善而復其性，更儼然是性善之論。

但戴震對於人性的看法，已經不再主張性的「至善」。而以「血氣心知」論性，表面上仍同意性善，但對於性善的說辭已全然不同。在凌廷堪的文集中如〈好惡說〉、〈荀卿頌〉，甚至從解《大學》、《中庸》、《論語》、《左傳》中的人性論中，又發現凌廷堪喜歡用食色臭味的生物性來論性，如此則又分明又落在告子「食色性也」的一邊。凌廷堪論性不從《孟子》、《中庸》入手，而是根據《大學》並參證古籍，以「好惡」二字言性。曾曰：

> 好惡者，先王制禮之大原也，人之性受於天，目能視則為色，耳能聽則為聲，口能食則為味，而好惡實基於此。節其太過不及，則復於性矣。[49]

這段話與戴震的看法一致。他又說：「《大學》言好惡，《中庸》申之以喜怒哀樂。蓋好極則生喜，又極則為樂，惡極則生怒，又極則為哀；過則佚於情，反則失其性矣。先王制禮以節

之，懼民之失其性也。然則性者，好惡二端而已」。[50]

淩廷堪認為，人性受之於天，而有視聽味臭等本能，因此有所好惡。《中庸》所說的喜怒哀樂正是指好惡之性。

他又引《大學》之綱目：

> 《大學》云，所謂誠其意者，無自欺也，如惡惡臭，如好好色。此言誠意之好惡也。又云，所謂修身在正其心者，身有所忿懥則不得其正，有所恐懼則不得其正，有所好樂則不得其正，有所憂患則不得其正。心不在焉，視而不見，聽而不聞，食而不知其味，忿懥，惡也，好樂，好也，此言正心在於好惡不離乎視聽與食也。[51]

這裡說明了誠正修齊治平之工夫，皆不外乎正人心之好惡，而人性只是好惡兩端，所以人性之初，不過是好惡，正如《大學》的說法，論性，只見「好惡」也。可見，淩廷堪對性善的說法，並不是全然接受，尤其是說到「以禮節性」、「以禮節心」時，卻反較贊同荀子的看法。

他說：「夫人之性必有情，有情必有欲。故曰：飲食男女人之大欲存焉。聖人知其然也，制禮以節之，自少壯以至耆耄，一日不囿於禮而莫之敢越也。制禮以防之，自冠昏以迄飲射，無一事不依乎禮莫之敢潰也。」「夫性具於生初，而情則緣性而有者也。性本至中，而情則不能無過不及之偏，非禮以節之，則何以復其性焉。」[52]這裡所說的情則緣性而生，但卻常有過與不及之偏，為此聖人制定禮則，預為防範，讓人的行為，自少到壯耄都能受到禮制的約束，而不至於有差失。這一種看法與荀子論禮之起源、禮的功用、禮與人性之關係是相同

的。回歸荀子的〈禮論〉：

> 禮起于何也？曰：人生而有欲，欲而不得，則不能無
> 求。求而無度量分界，則不能不爭；爭則亂，亂則窮。
> 先王惡其亂也，故制禮義以分之，以養人之欲，給人之
> 求。使欲必不窮於物，物必不屈於欲。兩者相持而長，
> 是禮之所起也。[53]

荀子認為禮之起源，是由於人之「欲」無窮所致，淩廷堪也意
識到了這種矛盾，於是作〈荀卿頌〉，他說：「孟曰性善，荀
曰性惡，折衷至聖，其理非鑿，善固上智，惡亦下愚，各成一
是，均屬大儒」。[54]

　　淩廷堪推崇荀子，不因其主張性惡而黜之，由此重新審視
儒學的傳統，是一大突破。荀子強調，人之性為自然天成，有
自然之反應，而禮義非性本有，為聖人之所創制，非生於人之
性也。譬如，陶器、木器皆成於陶工、木工之所作，非生於人
之本性也。荀子之說法為同於告子而異於孟子者。禮義之道，
為聖人積長久之思慮、習於作為及事理，以作禮義及法制來作
為人倫之規範，其非人性之本有，明矣。若人性之本有者，為
「目好色、耳好聲、口好味、心好利、骨體膚理好愉佚」等，
此皆起於人之情性者也，感而自然興起，不待從事造作而後成
者也。荀子就實用之層面論之：言古者，必有徵驗於今之世；
善於語天者，必有徵驗於人事，所言必與其對象相符合。

　　淩廷堪論性與荀子相近，他之所以推崇荀子，原因有三：
一、兩人之性論相契，二、荀子重學重禮，三、荀子傳經，功
在孟子之上。荀學在清中葉復興，普遍來說，相對於孟子的性

本善而言，清儒比較贊同荀子的人性觀，當時的儒者對人性的情欲問題有了正面看法，也注意到了道德實踐走向，要求外在儀節之途。凌廷堪對人性的看法，是藉著對孔子「性相近，習相遠」這句話的詮釋而展開：「善」是天賦與人的陰陽健順之德，是天賦與人的明德，然人不應以此善之有為滿足，必須加之以後天人為的工夫，使人性之善能長保而不失，然人性之善不是從根源處見，人性之善正是在後天工夫的實踐中發現。人生以後的性才是性，而這樣的性必須是繼之為善的，能繼之，方見性之善，這才是性真正的面貌，這也才是真正的人性。所以說，性之本於善或惡不是重點，性之善惡不是從根源處論，而是在道德實踐、成之繼之的工夫歷程裡實踐出人性。易言之，不實踐就沒有性，更遑論性善，惟有透過實踐，才有性善的可能，人的聖凡善惡全繫乎一己行為的發動中。所以凌廷堪勉人「習禮」，強調唯有習禮不息、習行踐履的工夫，才能於實踐中體現聖人性善的真義。

在凌廷堪看來，爭辯人性的善與惡是沒必要的。「性」不是一個空洞的概念，也不僅僅是天生具有的人之素質或特性，而是一個在現實生活中完成，且不斷豐富與完善的實際歷程，它是直接與人的道德實踐融而為一的。「性」存在於「親身踐履」的實際歷程中，人只有在生活實踐中充分發揮自己氣質形軀的靈能作用，才能體現自己、發現自己，才能盡性之能、見性之全。人性唯有在實踐之中才能得到體現，人性也唯有在道德踐履的過程才能圓滿完成。

凌廷堪常以書信與人論學，其中對性之善惡與禮之關係，可從〈復錢曉徵先生書〉中見一明確的架構與思想態度：

> 孟子以為人性善，猶水之無不下。荀子以為人性惡，必
> 待禮而後善。然孟子言仁言義，必繼之曰：禮則節文斯
> 二者。雖孟子亦不能舍禮而論性也。[55]

在這一段話當中，孟子言仁必申之以義，荀子言仁必推本於
禮。言簡意賅的揭明，凌廷堪在崇禮的大前提下，消弭了性之
善惡的問題。道德的實踐要借諸於「禮」，變化氣質也要靠禮
方得以成，至於人性的善惡，並非爭論的重點。

凌廷堪論性，曾看到宋明學者為了辯「理」、辯「性」，費
盡全力，終入玄虛，因此，他不再重蹈覆轍，他只討論行為終
究之善必須藉諸禮儀規則，至於更深一層次，則不在內索。這
一點倒是和孔子的「性相近，習相遠」說法相近，都認為人性
都有向善和生物性的兩面，但是不論本性為何，皆有「可塑
性」，是可以經過一定的約束而改變，也因為具有「可變化
性」，禮才有著力之處。

既然性之是藉由好惡二端來呈現，那麼人之一切喜怒哀
樂，也就是緣生於「性」者也，也就是說一切情都是性，如此
一來，五倫關係之矩與立國之典制刑罰，也都是依據人性之好
惡而訂立的，他說：

> 為君臣上下以則地義，為夫婦外內以經二物，為父子兄
> 弟姑姐甥舅昏媾姻亞以象天明，為政事庸力行務以從四
> 時，為刑罰威獄，使民畏忌，以類其震曜殺戮，為溫慈
> 惠和，以效天之生殖長育，此因禮本於天經地義民行而
> 發明之。[56]

禮在滿足人之情欲的同時，也發揮節度的功能。這裡的節制內容便是依禮而定其分，強調禮制的功能，透過禮而致「養情節欲」。

淩廷堪的禮論，隨處不忘禮的養人情欲功能。對人之情欲表示重視並肯定其存在與價值，這一看法和戴震是一脈相承的，戴震批判程朱言理未能正視自然之欲，不僅無法落實，甚而矯情悖逆要求去欲，僅憑一己之私是其所是而非其所非，依此識斷要求他人，殊不知此理不但易失於偏也離情捨欲，焉能言之為真理？遂而造成，居下者僅能理屈卻口不能辭，斯此理如何制事、治人焉？如是理之「得於天而具於心」，任憑主觀心的裁決，排他、獨斷、獨裁，因此理之順逆與否完全受到「心」的裁斷，如此理成為世俗階級牽制，更為尊者、長者、貴者壟斷，不但制約了卑者、幼者、賤者所需，甚至與政治機制結合，成為人權禁錮桎梏的枷鎖。

乾嘉漢學乃至整個清代漢學，是一個崇尚實證、拙於思辨的學術派別，而淩廷堪正是這一時期的典型禮學家，當他進行以實證為主的經籍研究時，不可避免地要對一些儒學命題進行思考，這當然也包括許多對理學命題進行批評和反思的言論，而提出「以禮代理」，首先他對「理」加以重新解釋：理是理學思想體系中最重要的範疇，它是理學者思考一切問題的前提和歸宿。從本體意義上講，它是世界的本原和最高法則，超越於物質世界之上。淩廷堪則反駁，理並非理學者所宣揚的那樣至高無上和神秘不可知，而是與物質世界緊密聯繫在一起的條理而已，而且要透過禮來解釋。

再者，對「理欲觀」的重新思考：在人性論和倫理觀方面，程朱理學以「理」為本體建立起道德哲學體系，強調人類

社會的道德法則與宇宙的普遍法則是一致的，「性即理」就是這一觀點的最簡潔的表述，主張用天理去戰勝人欲，盡可能地將人的欲望滅絕。淩廷堪認為「飲食男女，人之大欲存焉」，他強烈反對程朱理學所宣揚的禁欲主義，肯定人的自然情欲的合理性。對程朱理學建立理欲對立觀的基礎進行解構，這主要體現在對「克己復禮」的重新解釋上。淩廷堪將《論語》中出現的「己」字列舉出來，加以整體考察，認為這些「己」字都不能作「私欲」來解，讓禮在清儒的社會效應著眼下，受到了前所未有的重視，而講求實行了。淩廷堪在堅持自然人性論基礎上，對理學的理欲對立觀進行了深刻而廣泛地批評，對人的自然情欲給予積極肯定。

注　釋

1　附圖4-1，見王爾敏，《明清社會文化生態》（臺北：臺灣商務印書館，1997），頁11。

2　清‧趙爾巽等撰，《清史稿本記‧聖祖三》（臺北：洪氏出版社，1981），卷八，頁281。

3　見周敦頤，《通書》，卷五，頁351。

4　見程頤，《程氏遺書》（臺北：里仁書局，1982），卷十五，

5　見皮錫瑞，《經學復興時代》（臺北：漢京出版社，1983），頁341。

6　見錢大昕，《潛研堂全書》（臺北：臺灣商務印書館，1965），卷二十四，總頁495。

7　見阮元，《漢學師承記‧序》（臺北：學海出版社，1985），頁1。

8　見惠棟，《九經古義》（臺北：臺灣商務印書館，1965），卷首，頁5。

9　見戴震，〈原善一〉，收入胡適，《戴東原的哲學》（臺北：臺灣商務印書館，1963），附錄，頁202。

10　同上注。

11　戴震，〈孟子字義疏證卷上〉，收入胡適，《戴東原的哲學》，附錄，頁240。

12　見錢穆，《中國近三百年學術史》（臺北：臺灣商務印書館，1966），頁255。

13　見《文集‧復錢曉徵先生書》（北京：中華書局，1998），卷二十四，頁

333。

14 同上書，頁274。

15 上論參考業師張麗珠，《清代義理學新貌》（臺北：里仁，2002），頁282～283。

16 見《文集·好惡說上》，卷十六，頁274。

17 見《文集·復禮下》，卷四，頁190。

18 上論參考業師張麗珠，《清代義理學新貌》（臺北：里仁，2002），頁284。

19 阮元，《揅經室集》（臺北：臺灣商務印書館，1967），卷八，頁9～10。

2C 詳見胡適，《戴東原的哲學》（臺北：臺灣商務印書館，1996），頁105～108。

21 《詩集·學古詩二十首》，卷五，頁96。

22 同上注。

23 同上注。

24 《詩集·次吳石臣進士見贈二首元韻》，卷十三，頁149。

25 見《文集·復禮上》，卷四，頁187。

26 錢穆，《中國近三百年學術史·焦里堂阮芸臺凌次仲》，頁544。

27 上論參見業師張麗珠，《清代義理學新貌》（臺北：里仁，2002），頁287～294。

28 詳見《文集·慎獨格物說》，卷十六，頁•277。

29 同上注。

30 同上注。

31 同上注。

32 見《文集·荀卿頌》，卷十，頁226。

33 同上注。

34 見《文集·復禮上》，卷四，頁187。

35 上論參見業師張麗珠，《清代義理學新貌》（臺北：里仁，2002），頁295。

36 見戴震，〈孟子字義疏證〉，卷下，收入胡適《戴東原的哲學》，附錄，頁305。

37 同上注。

38 同上注。

39 見焦循，《雕菰集》，收入《叢書集成新編》（臺北：臺灣商務印書館，1986），卷十，頁151。

40 告子曰：「食色，性也。仁，內也，非外也；義，外也，非內也。告子以人之知覺運動者為性，故言人之甘食悅色者即其性。故仁愛之心生於內，而事物之宜由乎外。學者但當用力於仁，而不必求合於義也。」語見《論語》，卷十一〈告子〉。

41 見《論語·陽貨》。

42　見《文集·復禮上》，卷四，頁187。

43　見《文集·復禮下》，卷四，頁190。

44　見《論語·子罕》。

45　以上所引《論語》分見於〈學而〉、〈八佾〉三則、〈堯曰〉、〈顏淵〉。

46　見《文集·復禮下》，卷四，頁190。

47　見錢穆，《中國近三百年學術史》，頁551～552。

48　同注42。

49　見《文集·好惡說上》，卷十六，頁274。

50　同上注。

51　同上注。

52　見《文集·復禮上》，卷四，頁187。

53　見《荀子·禮論》，第十九篇。

54　見《文集·荀卿頌》，卷十，頁226。

55　見《文集·復錢曉徵先生書》，卷二十四，頁333。

56　見《文集·好惡說上》，卷十六，頁275。

淩廷堪禮學思想之迴響

　　淩廷堪倡「以禮代理」後，強調儒學修己治人之方，全在一個「禮」字，於學術界引起廣大迴響，崇禮思想在嘉道間蔚成風氣，並和當時學界主流——程朱理學的尊崇者，形成對峙之局，且展開辯論，導致學界有「以言理為禁」之勢，[1]特別是崇尚宋明理學的宋學派更是對之攻擊不遺餘力，他在治經方法上，也吸收了考據學歸納整理的方法，具有徽州理學與乾嘉漢學的雙重學術背景，就其禮學思想而論，他既繼承了戴震、程瑤田的思想，又有新的推進和突破。戴震抨擊了理學家「以理殺人」，反對先驗之理，提出事物之理，考證出理的本義是「肌理」、「條理」，強調理在事物之中，企圖建立事理的客觀準則，淩廷堪遵循「道在六經」的宗旨，考證了先秦文獻的左傳，三《禮》及《論語》、《大學》等古籍，證明先秦儒家只重「禮」而不言「理」，言理是宋人捕風捉影之，且揭露理學之理，乃援釋氏之幟，是以禪學亂聖學，全面否定理字並非理學，建立了完整的禮學思想體系。既有理論系統，又有實踐方法，他的禮學思想深受當時學界推崇。

第一節　後儒對相關論題的深化

　　淩廷堪的禮學成就，受到當時極大的肯定，錢大昕評價其《禮經釋例》說：「尊制一出，學者得指南車矣！」江藩尤其推崇其著作真乃有體有用之學，絕非空談性命之理學者所可妄擬，並以「一代禮宗」稱之。淩廷堪在紫陽書院和杭州的詁經精舍等處，講學授徒，堅持以禮學取代理學，使禮學思想在徽歙江浙等地廣為傳布，形成望風景從之勢。而他所提出的禮學思想，當然也就引起了莫大的迴響。

　　黃式三：對於禮學的主張，包括「約禮」、「復禮」、「崇禮」。在〈約禮說〉一文中，黃式三批評王陽明「心即理」之說，他說：「《論語》中言：博文約禮，聖訓章矣，禮即先王之禮經也。」[2] 禮為外在之文的觀點，判斷是非的標準應是「禮」，而王陽明解釋成「顯而可見之禮曰文，微而難見之理為禮」，[3] 如此一來，將顯微之禮分成「文」與「禮」，君子博文約禮，存不敢自是之心而篤於求是者也。此心患其誤用，必博學於古人之文，己之見拘，不如古人之閎，己之見虛，不如古人之實。此心因博而易雜，必約以先王之禮，所行或不及，禮以文之，所行或太過，禮以節之。而所謂「理」是指蘊於禮經中的精義和是非準則，並不是宋學家理解的那種得於天而具於心的「理」。而古之所謂理者何也？他引用《禮記‧禮器》說：「義理，禮之文也。而《禮記‧樂記》曰：理也者，禮之不可易者。」這樣的主張，和淩廷堪顯然是一脈相承的，都強調「性、理」二字的新義理主張，

　　〈復禮說〉中，黃式三申述了禮的觀點，認為禮「皆聖人

順人之性而為之制也。惟其順性而立制，則凡民之遵道遵路莫能，亦惟順性而立制，儒者之希賢希聖不出乎此」，[4] 反對宋學斥禮為外索為粗跡的看法。在他看來，只有以禮為依歸，才是履仁踐性的最好手段，所謂「復禮者，為仁之實功也，盡性之實功也」。[5]

黃式三將禮提高到無以復加的地位，認為崇禮既是求道的必要手段，也是求道的最終目的。他說「君子崇禮以凝道也，知禮之為德性也而尊之，知禮之宜問學也而道之，道問學所以遵德性也。其育物之道廣大，不外禮之精微，盡精微所以致廣大也；其配天之高明，不外禮之中庸，道中庸所以極高明也。」在這裡，黃式三重點解決的是禮與德性的一致性問題。他說：「禮與德有分言，《論語》分道德齊禮，即《曲禮》云：道德仁義，非禮不成，合而仍分也。有以禮為德者，仁禮義信智為五德是也，五德亦曰五性。故禮即為德性。《春秋傳》曰：民受天地之中以生，所謂命也，是以有動作禮義威儀之則定命也，則禮之為德性昭昭矣。」這種思路實際上是將行為作為判斷道德修養的最後標準，顯然比宋學的直指心性更具有可操作性，這與淩廷堪的「以禮代理」有某種默契。

許宗彥：許宗彥有〈禮論〉三篇，認為古之聖人，欲天下之長治久安，因此制定「禮」之規範，而禮的最大功用，就是「靜天下之人心」，因為天下之治亂，是由於人心之動靜所致，所以非用「禮」治不可。當天下大亂，民困兵革，思所息肩，於是受命之主出，天下於焉安定，然而，承平既久，人口增加，物力日耗，富貴者仗恃財力而縱其欲，讓貧賤者心生欣羨，甚至產生覬覦之心，在上位者為了避免劫掠之事，便制定

法律，威之以刑，如此，更引發百姓之反感，認為「此有位與
權者所為也，我一日得其位與權，則所以繩我威我者，我亦可
以繩之威之」，[6] 於是刑法不足以靜民，反促成反動的意識。
因此，古代之聖人，早就能預知會如此，因而於得天下之初，
即深謀遠慮，制定「禮治」，自朝廷以至於草野，吉凶萬事，
尊卑異等，莫不稽於天理，合之人情，為之一定之節制而不可
越，則民無所生其覬覦之心。社會上無論貴者、富者，依照禮
制為其所當為，絕不有驕榮之心；而貧者、賤者，亦依照禮行
其所當行，也不必自卑，上下之間由於有「禮」來制衡維繫，
就算是遇到了兵凶之變，也因為平常都養成了富禮的習慣，百
姓間也不至於動而難靜，這就是可以「禮」而靜人心之主張，
強調了使人心產生「靜慮」，自然就不會「蠢動」。

　　許宗彥別於其他禮學家的是，他認為「制禮不必合古」，
「禮不行於下久矣，今之制也，徒不便於俗，擾及天下，而終
不可行耳」。[7] 他認為，制禮的目的最重要的是要通行天下，
既如此，就當人情而制禮，斟酌今世之所宜，不必一一都要合
於古禮。人情所甚不便者，莫過於無節，無節的話，貧賤者常
若有所不足，而富貴者終不能以自暢，就以喪禮來說，飾以彩
繒，盛以鼓吹導從，甚至雜以徘優百戲，心中根本無悲戚，只
不過是擺排場，徒具形式而已，頹俗如此，這根本不是人情所
樂見，卻仍然要隨俗，這是何等不合時宜。若有人能體察人情
之所便，事事為之節，使上下有所遵守，相信天下之人一定會
從之如流水，如此的禮，正是可以移風易俗之禮，如此的主
張，與凌廷堪落實禮治的觀念正是相通的。

　　焦循：焦循指出禮的功能不只可以止爭，更能達到教化人

心，端正廉恥之道德作用，儒家以禮治天下，理只在禮教失敗
必須訴諸訟獄以定其罪罰時，作為辨析的工具之一，由於理的
目的只在分辨是非，因此往往造成各執一端，爭辯不休，反增
加更多爭端。於是焦循強調「禮論辭讓，理辯是非」，止爭之
方仍須訴諸「禮」。焦循倡導用名分和遜讓，甚至置酒相揖來
止爭，強調以禮導民教民，反對刑罰治民，認為惟有禮，既合
人倫，又可節欲。焦循認為君長之設，是為了平天下之爭，故
曰：

> 先王立政之要，惟在於禮。故曰，禮能讓國。[8]

他主張軍有禮、訟獄有禮、射有禮，禮足以消人心之忿，化萬
物之戾，主張以忠恕之道來止爭息訟，聖人治國，以治民心為
要務，必須導之以德，以禮齊民，敦厚風俗，讓人相親相恕，
克己復禮，才算是文質相備。君長之設立，是用來平天下之
爭，是故先王立政之要，惟有「禮」，所以能讓天下皆有禮且
「恥於無禮」，[9]於生活中則射有禮、軍有禮、訟獄有禮，禮足
以消人心之忿，而化萬物之戾，施行久了，君子以禮自安，小
人以禮自勝，天下自然長治久安。可惜的是，後世不言禮而言
理，九流之源，名家出於禮官，法家出於理官。若齊之以刑，
則民無恥，而齊之以禮，則民且格，相較之下，禮與刑相去甚
遠。惟先王恐刑罰不中，於罪辟之中，求其輕重析其毫芒，無
有差謬，故謂之理，官吏則稱為理官，可知要治天下，要以
禮，而不以理。

焦循贊成荀子主張「人生而有欲」，若欲而不得，則不能
無求，求而無度量分界，則不能不爭，由於爭，於是亂象，因

而生，亂則窮，先王因為惡其亂，於是制禮義以分之，以養人之欲，給人之求。而人具有喜怒哀樂之情，即便是聖人，也只能「節」，而不能「絕」，這個說法和凌廷堪的「制禮節欲」相同，焦循更循著凌廷堪「習禮復性」而主張制禮樂以通神明、立人倫、正情性、節萬事，若能落實於日常儀節中，自然能達到復禮之效。顯然這正是凌廷堪「復禮」之說的深化，焦循善於引用古聖哲之論，將禮學加以發揚。

第二節　《漢學商兌》之質疑

清代的漢宋之爭，是中國近三百年學術史上的一個重要課題之一，江藩著《國朝漢學師承記》一書，專標漢幟，自固壁壘；方東樹則奮然與抗，其著《漢學商兌》一書，為宋學辯護，對禮理之異提出有系統的辯論，而凌廷堪的「以禮代理」說更成為方東樹駁斥的對象，他說：

> 今漢學家，屬禁窮理，第以禮為教，又所以稱禮者，惟在後儒註疏名物制度之際，益失其本矣。使自古聖賢之言，經典之教，盡失其實。[10]

方東樹顯然反對凌廷堪的「以禮代理」，甚至還批評是「亙古未有之異端邪說」，他為宋明理學辯稱，禮是節文，若不窮理，何以能隆禮，由禮而識禮之意？因此，言禮而理在，是就禮言理，言理不盡於禮，禮外尚有眾理也。他舉讀書作文為例，須明其「理」，則人心皆喻，這時總不能說是靠「禮」就能讀書作文了吧。方東樹又曰：

> 六經、孔、孟多言思，〈洪範〉曰睿曰思，曰睿，非謂
> 以心通其理乎？凡天下事物，莫非實理，何云空言窮理
> 也？理屬知邊，禮屬行邊。孔子曰：「窮理盡性」。孟
> 子曰：「盡心知性」。言知其理也。11

方東樹認「理屬知邊，禮屬行邊」，禮、理不應該偏廢，若依
淩廷堪的「以禮代理」，是舉凡事物之理，皆舉而納之三禮註
疏，如此一來，聖人之教皆可用禮來一以蔽之，這豈不荒謬
哉？商書曰：「以義制事，以禮制心」，而淩廷堪欲「以三禮
註疏制心，此豈仲虺之智所及。「以禮經為教」，其名甚正，
其實甚美，但當考其本意，防其流弊，他認為淩廷堪的宗旨是
為了「絀宋學，興漢學，破宋儒窮理之，變大學之教」，這只
能稱為考證之學，非復唐虞周孔以禮垂教，經世之本，更非鄭
玄、賈誼抱守遺經之意，他說：

> 鄭、賈不禁學者窮理，又未嘗蓄私意，別標宗旨，欲以
> 一手掩天下目也。12

這無疑的是對淩廷堪以「禮」經世之說的一大質疑，甚至指責
是「別標宗旨」，若此說遂行，將使學者，只從事訓詁名物，
喧爭忿訟，於一切之理，概置不講，而導致人心昏蔽。且由於
心缺略迂滯而多阻，只好怪罪理學是空談義理，方東樹認為這
是「邪說害正」，將淩廷堪的「以禮代理」讞為邪說，而極力
為宋明理學捍衛。

　　方東樹也對朱子中年講理，晚年講禮，誠有見於理必出於
禮的說法加以駁正，他說：朱子之學，以格物窮理為先，豈是

到中年而始從事，晚年又棄而不言呢？至於晚年修禮經，並非從此便不言義理，不言格物窮理。朱子以理為終生論學宗旨，未嘗改變，否則朱熹何以會於晚年幫《大學》加了一篇〈格物補傳〉，這便是明證。

其次，對淩廷堪的《禮經釋例》，方東樹也提出質疑，他認為自晉及唐，三禮皆用鄭注，至宋儒，由於潛心理學，不暇深究名物制度，所以於禮經無可置喙，南宋以後由於孺人畏其難讀，別無異說，到清朝大量的禮經專著出，其實這些禮經也不過是引用鄭著而已，真偽待察，於是認為價值可議，並說是「淺顯之學，不問古義」。筆者認為，方東樹這一說法，並無實據，且抹煞清代對於《儀禮》的研究。

再者，淩廷堪認為宋明理學言心言理，是援儒入釋，[13] 方東樹提出辯駁，他說：「天下學者，果人人能如禪家之刻苦治心，斬情斷妄，其勝於俗儒之沈迷汨沒，老死不悟者已多矣。」[14] 於是主張只要學者能反躬克己，又實兼有道德學問，就可辨別禪與道學，不可說道學就是佛學，而怪罪程朱，言心言理墮禪。如此，只不過是竊取門面題目，以成獄誣之而已，非真有見禪之為害。[15] 對於乾嘉考證名物風氣之盛，方東樹也表以譏議，他說：

> 漢儒諸人，於天文術算訓詁小學，考證輿地名物制度，誠有足補前賢裨後學者，但坐不能遜志，又無識，不知有本，欲以掃滅義理，放言橫議，惑世誣民。[16]

他指出凡是漢學家，所有議論，如重訓詁，斥虛空墜禪學者，皆是竊朱子之緒論，而用以反罪之，增飾邪說，可以說是「失

真而改其面目」。對於漢學家堅稱義理存乎訓詁典章制度，而如考工車制，當時的學者有圖、有各種考證與辯論，然而這些考證卻是無關於身心性命、國計民生，方東樹對此種大費周章以求義理的學術風氣，大加撻伐。筆者認為清代的凡事必求證據，大膽指斥前人，尤以宋明時對學術的妄加解釋，對於學術發展是有其功，方東樹之辯駁無法令人折服。

第三節　錢穆對「專治禮學」的狹隘質疑

錢穆《中國近三百年學術史》中對淩廷堪的禮學思想亦多有異議，他認為淩廷堪主張義因仁生，禮因義生，而後儒不知，往往於仁外求義，再於義外求禮，則先王制禮之大原，端在此心之仁矣。錢穆則提出質疑，若為仁惟禮，求諸禮始可以復性，然而原仁制禮者惟屬古人，後人只能習禮以識仁，不得明仁以制禮，分明是只許古人有創，後人有襲，不敢求古聖之所以為創，以自為而通其變，而導致義理流於考據而已。[17]錢穆站在做學問須有創建的角度來批評淩廷堪流於考據，復禮流於襲禮，毫無創見。

再者造成禮、理之爭，淩廷堪曾說孔子言禮不言理，提出「以禮代理」仁根於性，而視、聽、言、動是生於情，聖人不求諸理而求諸禮，就連儒家強調的五倫也是以禮為綱紀，況且仁義是無形的，必以禮為形，淩廷堪解釋「致知格物」的物，是禮之器數儀節。[18]錢穆對此更表不滿，他認為淩廷堪將一切儒學之本都歸於禮，使得焦循、阮元以後的禮學家承其說，

引起理、禮之別的爭辯，更造成漢、宋之鴻溝，尤其是凌廷堪對於「致知格物」的「物」解釋為禮之器數儀節，錢穆反而支持宋儒格物是為了窮理，因此「物」是「理」較為正確。錢穆主張治漢學者，專以禮對，其事不可能，否則凌廷堪治禮十年，考覈之精，固所擅場，若真的將復禮理論，籠天下萬世之學術，那還得了。

至於凌廷堪認為宋儒「理事體用」本於釋氏之說法，錢穆認為宋儒雖不專言好惡，而故常言，而宋儒亦未可深非也。凌廷堪的「好惡說」提出：「好惡先王制禮之大原，人之性受於天，目能視則為色，耳能聽則為聲，口能食則為味，而好惡根於此。《大學》雖不言禮，而與《中庸》皆為釋禮之書。[19]考《論語》、《大學》皆未嘗有「理」字，徒因釋氏以理事為法界，錢穆則為宋儒辯解，〈樂記〉有云：「好惡無節於內，知誘於外，不能反躬，天理滅矣。」因此宋儒所謂的好惡當理，正是根據〈樂記〉而來，是有憑有據，絕非凌廷堪所說的援儒入釋。錢穆更反舉《論語》：

> 說「知者」曰：「達於事理」，說「仁」者，曰：「安於義理」，說「吾斯之不能信」，曰：「斯，指此理」，說「不知而作」，曰：「不知其理」，說「知及之」，曰：「知足以知此理」，至於「無違」下文明有三禮字，亦云：「謂不背於禮」。[20]

就〈樂記〉所說，禮也者，理之不可易者也。雖然六經中未有的義理，但卻是義蘊其中，而宋儒根據《四書》加以發明，正是他們的功勞，若要說他們是源於釋氏，且是「釋氏之學」實

在是錯誤的，若要以此類推，「道」是老莊先提出來的，儒家還是可以援用，若「理」字先見於佛書，儒家就不可再言，實為荒謬。因此，治漢學，欲專以禮對，其事不可能，何況宋學與釋氏雖同言「理」，同言「體」，實際上其為學精神是有極大差異的。再則佛書也並非就不可與孔、孟相通。這一點是有淵源的，唐以後的華僧，未出家時，有些人是讀儒書的，所見所聞也是中國之俗、儒者之教，後雖學佛，但對曾經學過的儒學不可能盡廢，當然，在其成佛後摻雜以儒學是理所當然的，作學術的角度是要包容並蓄，而非劃清界線，如淩廷堪正是無法融會貫通，欲以「禮節好惡」四字，上接孔、荀傳統，盡排餘說，實為思想狹隘之論。

筆者認為，淩廷堪是清中期儒學思想轉變中的關鍵人物，不僅有完整的禮學思想，而且推動了嘉道時期捨理言禮的思想，如「辨禮、理之異，無善無惡的人性論，學禮復性、及其禮之實踐與人倫秩序，禮與禮意等方面的思想觀點，他把經史考證與經世思想聯繫起來，從而明確的證明清代乾、嘉、道時期的儒學並非只有考證而已，其實當中的義理思想亦蓬勃發展，雖有後儒就其提出的議題加以深化，然也有對其思想大加不滿，提出質疑者，這也正是學術具有的思辯空間，後人當以宏觀的眼光視之，方不至於落入「一家之言」的窘況。

注　釋

1　見張壽安，《以禮代理——淩廷堪與清中葉儒學思想之轉變》（臺北：中央研究院近代史研究所，1994 年），頁 115。
2　楊家駱《清儒學案・傲居學案》（臺北：世界書局，1966），卷一百五十三，頁 11～12。
3　同上注。

4　同上注，頁 12～13。

5　同上注。

6　許宗彥，《鑑止水齋集·禮論上》（臺北：臺灣商務印書館，1965），卷十六。

7　同上書，〈禮論下〉。

8　焦循，《論語通釋·右釋義》（臺北：臺灣商務印書館，1965），頁 760。

9　焦循，《論語通釋·釋禮》，頁 24。

10　同上書，頁 62。

11　同上注。

12　方東樹，《漢學商兌》（臺北：臺灣商務印書館，1974），頁 63。

13　凌廷堪《詩集·姚江篇》（北京：中華書局，1998）：「援儒入佛始關洛，理窟時扶曹溪禪，晦翁無極本丹訣，貫通佛老猶圓融。」，卷十四，頁 153。

14　方東樹，《漢學商兌》，頁 151。

15　同上注。

16　方東樹，《漢學商兌》，頁 164。

17　見錢穆，《中國近三百年學術史》（北京：臺灣商務印書館，1996），頁 546。

18　《文集·復錢曉徵先生書》，卷二十四，頁 333。

19　見《文集·好惡説上》，頁 274。

20　見錢穆，《中國近三百年學術史》，頁 549～550。

結　論

　　清代漢學的興起，是建立在對以往學術型態繼承與批判的基礎上，而它對宋明理學的排斥與批評，是其最突出的學術特徵之一，凌廷堪更揭櫫漢學、禮學旗幟，擺脫理學束縛，以禮代理，造成一時風靡。漢學在乾嘉時期趨於鼎盛，學者們主要以兩漢經學為治學目標和範圍，尤其對許慎、鄭玄所代表的東漢古文經學更是推崇有加，這實際上就是對宋明以來佔據學術主流地位的理學的排斥。凌廷堪摒棄理學，從學術淵源上講，是承繼了清初以來以經學濟理學之窮的學術趨向。他認為，兩漢去古未遠，而且經學昌盛，借助兩漢經學來探尋六經原旨，更具說服力。

　　首先，為研治群經，他們提出了「由訓詁明義理」的原則，亦即欲求聖人之大義，應當攻讀儒家原始經典「六經」，欲明六經，必須借助漢儒的經學注疏，欲明注疏，應當從訓詁考證的小學入手，這是一條循序漸進的治學道路，其矛頭明顯針對著以思辨為主要特徵的理學。這種論調很快被治漢學者認可，並成為判斷漢學者的重要標準。乾嘉漢學者還提出了「實事求是」的治學指導原則，他們所說的實事求是，主要是指在研究經籍過程中，堅持用大量的古籍作佐證，以求達到揭示經

籍內涵，得出近於客觀的結論，而不做玄虛的義理發揮，即用事實說話，不空想臆度。顯然，這是針對理學末流的空疏而提出來的。淩廷堪對此解釋說：「夫實事在前，吾所謂是者，人不能強辭而非之，吾所謂非者，人不能強辭而是之也，如六書九數及典章制度之學是也。虛理在前，吾所謂是者，人既可別持一說以為非，吾所謂非者，人亦可別持一說以為是也，如理義之學是也。」[1]

清中期確立了實證學風的地位，可以說是乾嘉時期漢學旗幟的標舉及「由訓詁明義理」和「實事求是」原則的確立，標誌著漢學者開闢了一條與理學完全不同的治學道路，無論在治學範圍上，還是在思維方式上，都顯與理學立異，從而擺脫了理學的束縛。

淩廷堪治學雖推崇戴震，但對宋儒的批判卻有所差異，他明確提出「宋儒之理義乃禪學」，全盤否定宋儒的義理思想。從學術演變的角度看，宋明理學在闡釋儒家經典時，糅合了老莊及佛家的思維方式和思想觀念，使得儒學更具思辨色彩。但在漢學者看來，這種做法曲解了經典，玷污了聖道，應予以批判和揭露，恢復真正意義上的純潔的「聖人」意旨。在《孟子字義疏證》一書中，戴震秉著摒除雜學、追求純粹聖道的目的，對理學援佛老入儒的做法進行了批評對其借用佛老之處給予細緻入微地分析合離。他認為理學的理論構架源於佛老，只不過其中借用六經、孔孟的言語作為轉換，使人不易覺察。但無論如何，正是理學摻雜了佛老，導致了聖道的歧亡，在乾嘉漢學者中，對程朱援佛釋入儒的做法反對最為堅決的，非淩廷堪莫屬。

淩廷堪直指「宋儒之理義乃禪學」，[2]認為程朱應為此負

主要責任，正是他們開了援釋入儒的先河。在淩氏看來，理學借助佛釋的理事、體用等概念來闡釋儒家經典，是對聖道的一種污蔑和誤解，並使聖人之教流於空談，難以實踐，何況考《論語》及《大學》皆未嘗有「理」字，不知先王制禮，皆所以節民之性，好惡其大焉者也，何必舍聖人之言而他求異學乎？[3] 為了維護聖道的純潔性，他主張將這些概念從儒學中徹底清除出去，為此，他對戴震借重新解釋「理」來批評理學也表示不滿。淩廷堪的立論，一方面表明了他反理學的堅定立場，另一方面也揭示了他與大多數漢學家一樣，長於實證的理論建構。

　　至於在人性論和倫理觀方面，程朱理學以「理」為本體建立起道德哲學體系，主張用天理去戰勝人欲，盡可能地將人的欲望降到最低限度，所謂「天理存則人欲亡，人欲勝則天理滅。」淩廷堪則堅持在自然人性論基礎上，對理學的理欲對立觀進行了深刻而廣泛地批評，對人的自然情欲給予積極肯定。他批評程朱「舍情而言善，舍欲而求仁」，違背了孔孟之傳。他強烈反對程朱理學所宣揚的禁欲主義，肯定人的自然情欲的合理性。

　　淩廷堪還從重新詮釋經文的角度，對程朱理學建立理欲對立觀的基礎進行解構，這主要體現在對「克己復禮」的重新解釋上。理學家認為，所謂「克己」就是戰勝私欲，這就為緣理欲之辨提供了經典支援。淩廷堪則利用訓詁考證的手段，重新對這句話進行審視，認為「克己」應該解釋為約身，「己」為「自己之己」，並不是指私欲。只有這種解釋才能更好地理解「克己復禮為仁」的意義。從顏回請問其目，孔子答以四勿，勿即克之謂也。視、聽、言、動，專就己身而言，若克己而能

非禮勿視、勿聽、勿言、勿動，斷無不愛人，斷無不與人不相人偶者，人必與己並為仁矣。在這裡凌廷堪利用上下文語境，對克己做了重新解釋，並與對仁的理解結合在一起，意在擺脫禁欲主義的束縛，將道德修養的工夫推向外在的社會實踐與交往，他更運用歸納的方法，將《論語》中出現的「己」字列舉出來，加以整體考察，認為這些「己」字都不能作「私欲」來解，而欲「克己復禮」，凌廷堪的「以禮代理」自然也就是在批判理學的基礎上提出的。

　　凌廷堪指出聖人所謂道，其實就是禮，而不是別的，「即聖人之道，一禮而已矣」，「禮之外，別無所謂學」。[4] 然則修身為本者，禮而已矣。蓋修身為天下之本，而禮又為修身之本也。後儒置子思之言不問，乃別求所謂仁義道德者，於禮則視為末務。[5] 在凌廷堪看來，儒家的經學就是將禮作為「節心節性」的基本原則，舉手投足，日用倫常，皆以禮為準繩。禮之所以受到清儒的高度重視，是因為禮學家們大力地將「禮」落實在實際生活與道德實踐中，這是義理學社會化的過程，正是清儒所迫切需要的，如此可以在日常生活中具體把握、提供明確標準、而又切實可行的行為規範與道德準則，當然也就在社會需求下，被儒者從儒學中所挑選出來，而凌廷堪所主張的「制禮節性」正也代表了清儒的共同期望，他們相信客觀外在的具體規範，反對將標準寄託在主觀內向的虛渺性理上，於是凌廷堪在禮學思想中主張「復性」，反對宋明理學家的道德自覺，而是透過外在約束，「制禮節性」的客觀途徑，達到人性復於善的實現。

　　本論文之脈絡寫作為先述凌廷堪的學思歷程，與清代前期強調實學的學術走向，在統治階層極欲以「理學」作為學術主

流之同時，卻也有一派儒者想恢復漢學之強調實證的學術理想，於是考證學興盛，此時眾說紛起，學術界引起極大之漢宋之爭。至戴震起而「發狂打破《太極圖說》提倡重智主義之道德觀」，一反道學家存理滅欲之舊說，主張凡所有日用飲食、聲色臭味、喜怒哀樂等人欲皆非不善，不反對追求人欲，凌廷堪仰慕戴學，雖只能私淑於戴震，卻也大量繼承戴學精神，甚至加以闡發。

再則對於凌廷堪之禮學要籍《禮經釋例》予以析論，從中可見凌廷堪於《儀禮》用功之深，從禮例中強調尊卑的禮制社會，為求解經，凌廷堪推求省文，戡定《儀禮》訛誤之處，而其以例解經之方法更是首創之舉，為後儒提供便利的解經門徑。其次《詩集》、《文集》中隨處可見其對於禮學思想之創獲，凌廷堪強調考禮、習禮到落實日用倫常的禮治社會。對於乾嘉學者普遍主張的追求人欲，他則提出「制禮」以防止情欲之逸於情、失其性，藉由「克己」以「復禮」，且以禮樂來化性，期使人人皆能復於性善之途。最後則是「以禮代理」之主張，凌廷堪鑑於理學末流之空疏、束書不觀，大加撻伐，於是考證儒家傳統經典，舉出孔子言禮不言理之事實，繼而以「禮」代之，推翻理學家凡事皆為「理」的主張。

凌廷堪凡事皆言禮的論點，後學有加以深化者，如黃式三便提出約禮、崇禮來呼應。也有學者提出強烈質疑，方東樹撰《漢學商兌》即對其反理學之說提出質疑，而錢穆也對凌廷堪凡事皆言禮認為過於狹隘。然，凌廷堪對於禮學之貢獻，他之得以稱「一代禮宗」，自然是有其不可抹煞之功勞。

清代學術廣博，筆者僅能對凌廷堪之禮學內容作淺略歸納，重新認識傳統經學與乾嘉義理思想，經由此以傳承固有的

文化資產。學術研究若能對於他人之說提出質疑，方是進步的
根源，本論文寫作難免多所疏漏，期於先進、後學能於不足處
再加以深化闡發。

注　釋

1　見淩廷堪《文集》（北京：中華書局，1998），頁317。
2　見《文集・好惡說下》，頁275。
3　同上注。
4　見《文集・復禮上》，卷四，頁188。
5　同上注。

參引資料

排列方式：

先分類，各類分類主要依作者姓氏筆畫排列，出版年代依西元紀年先後排列。

一、淩廷堪著作

梅邊吹笛譜附補錄	淩廷堪	上海：上海商務印書館	1936
燕樂考原	淩廷堪	臺北：臺灣商務印書館	1966
晉泰始笛律匡謬	淩廷堪	上海：上海商務書局	1970
元遺山先生年譜	淩廷堪	臺北：藝文印書館	1971
禮經釋例	淩廷堪	北京：中華書局	1998
校禮堂文集	淩廷堪	北京：中華書局	1998
校禮堂詩集	淩廷堪	北京：中華書局	1998

二、古籍專書

清仁宗	清高宗實錄	臺北：華文出版社	1970
敕撰	詩經	臺北：地球出版社	1994
	十三經注疏	上海：上海古籍出版社	1997
	論語	臺北：藝文印書館	1955

	續修四庫全書總目提要	北京：中華書局	1993
	中國近三百年學術思想論集	香港：崇文書店	1971
王夫之	船山全書	長沙：嶽麓書社	1992
毛奇齡	毛西河先生全集	臺南：莊嚴文化事業公司	1997
方祖猷	萬斯同傳	臺北：允晨出版社	1998
方東樹	漢學商兌	臺北：臺灣商務印書館	1974
方苞	方苞集	上海：上海古籍出版社	1983
王夢鷗	禮記今註今譯	臺北：臺灣商務印書館	1998
支偉成	清代樸學大師列傳	臺北：藝文印書館	1970
王茂等	清代哲學	合肥：安徽人民出版社	1992
王爾敏	明清社會文化生態	臺北：臺灣商務印書館	1997
王俊義 黃愛平	清代學術文化史論	臺北：文津出版社	1999
方祖猷	萬斯同評傳	南京：南京大學出版社	1996
石國柱	歙縣志	臺北：藝文印書館	1970
皮錫瑞	經學歷史	臺北：漢京出版社	1983
全祖望	鮚埼亭集	臺北：華世出版社	1977
朱彝尊	經義考	臺北：臺灣中華書局	1970
朱熹	朱子語類	臺北：文津出版社	1986
江永	禮經綱目序	臺北：臺灣商務印書館	1966
江藩	漢學師承記	臺北：學海出版社	1985
李塨	顏習齋先生年譜	臺北：廣文書局	1965
袁枚	小倉山房文集	臺北：文海出版社	1972
阮元	揅經室集	臺北：臺灣商務印書館	1967
李申	中國儒教史	上海：上海人民出版社	2000
余英時	論戴震與章學誠	臺北：東大圖書公司	1996

余英時	歷史與思想	臺北：聯經出版事業公司	2001
李學穎	儀禮禮記人生的法度	香港：中華書局	1996
吳光主編	劉宗周全集	臺北：中央研究院	1996
李春青	雅風美俗之先秦禮樂	臺北：雲龍出版社	1995
汪中	述學	臺北：臺灣商務印書館	1988
汪惠敏	宋代經學研究	臺北：師大書苑	1989
周敦頤	通書	臺北：臺灣商務印書館	1997
房玄齡	晉書	北京：中華書局	1974
周予同	中國經學史講義	上海：文藝出版社	1999
林尹	周禮今註今譯	臺北：臺灣商務印書館	1997
林啟彥	中國學術思想史	臺北：書林出版社	2002
林端	儒家倫理與法律文化	臺北：巨流圖書公司	1994
尚小明	學人游幕與清代學術	北京：社會科學出版社	1999
周何	禮學概論	臺北：三民書局	1998
紀昀	欽定四庫全書	臺北：臺灣商務印書館	1995
荀況	荀子	臺北：臺灣商務印書館	1965
姜公韜	明清史	臺北：眾文圖書公司	1990
段安節	樂府雜錄	臺北：藝文印書館	1967
胡適	戴東原的哲學	臺北：臺灣商務印書館	1963
姜廣輝	走出理學	瀋陽：遼寧教育出版社	1997
孫希旦	禮記集解	臺北：文史哲出版社	1990
郝敬	儀禮節解	臺南：莊嚴文化事業公司	1997
徐自強 主編	北京圖書館藏中國歷代石刻拓本匯編	鄭州：中州古籍出版社	1989
高翔	近代的初曙	北京：社會科學出版社	2000
許清雲	三禮論文集	臺北：黎明出版事業公司	1982

許倬雲	尋路集	北京：八方文化出版社	1998
韋政通	戴震	臺北：東大圖書公司	1991
翁方綱	復初齋文集	臺北：文海出版社	1967
黃宗羲	明夷待訪錄	臺北：三民書局	1995
黃愛平	清史研究通訊	北京：中國人民大學 清史研究	1990
黃以周	禮書通故	臺北：華世出版社	1976
焦循	雕菰集	北京：中華書局	1989
焦循	論語通釋	臺北：臺灣商務印書館	1965
許宗彥	鑑止水齋集	臺北：臺灣商務印書館	1965
許蘇民	明清啟蒙學術流變	瀋陽：遼寧教育出版社	1993
陳居淵	清代樸學與中國文學	南昌：百花洲文藝出版社	2000
陳祖武	清代經學研討會論文集	臺北：三民書局	1994
啟功	中國書法大成	北京：中國書店出版社	1990
梁啟超	中國近三百年學術史	臺北：里仁書局	1995
彭林點校	禮經釋例	臺北：中央研究院文哲所	2002
馮辰、劉調贊撰	李塨年譜	北京：中華書局	1988
惠棟	明堂大道錄	上海：古籍出版社	1995
程頤、程顥	二程全書	香港：中華書局	1982
程頤、程顥	程氏遺書	臺北：里仁書局	1982
張其錦	凌次仲先生年譜	北京：中華書局	1985
惠棟	九經古義	臺北：臺灣商務印書館	1965
張壽安	禮學考證的思想活力	臺北：中研院近史所	1994
張壽安	以禮代理——凌廷堪與清中葉儒學思想之轉變	臺北：中研院近史所	2001

張麗珠	清代義理學新貌	臺北：里仁書局	2002
張麗珠	清代新義理學—傳統與現代的交會	臺北：里仁書局	2003
張維屏	紀昀與乾嘉學術	臺北：臺大文史叢刊	1998
張舜徽	清儒學記	濟南：齊魯書社	1991
馮元魁	清史	香港：中華書局	2002
葉高樹	清代前期的文化政策	臺北：稻鄉出版社	2002
楊家駱	清儒學案	臺北：世界書局	1966
鄒昌林	中國禮文化	北京：社會科學出版社	2000
蔡仁厚	儒家心性之學論要	臺北：文津出版社	1988
蔡尚思	中國禮教思想史	香港：中華書局	1991
趙爾巽等撰	清史稿	臺北：洪氏出版社	1997
劉師培	經學教科書	上海：國粹學報館	1905
劉潞	清代皇權與中外文化	臺北：臺灣商務印書館	1998
趙園	明清之際士大夫研究	北京：北京大學出版社	1999
蔣秋華	乾嘉學者的治經方法	臺北：中央研究院	2000
錢謙益	牧齋有學集	臺北：臺灣商務印書館	1967
錢大昕	潛研堂全書	臺北：臺灣商務印書館	1965
錢穆	中國近三百年學術史	臺北：臺灣商務印書館	1996
錢玄	三禮通論	南京：南京師範大學出版	1996
戴震	戴震全書	合肥：黃山書社	1995
戴震	戴東原集	臺北：臺灣商務印書館	1933
戴君仁	書張爾岐儀禮鄭注句讀後	臺北：臺灣書局	1974
韓荂	碑傳集	上海：上海古籍出版社	1987
嚴文郁	清儒傳略	臺北：臺灣商務印書館	1990
羅振玉	本朝學術源流概略	上海：上海書店	1989

| 顧炎武 | 顧亭林文集 | 臺北：三民書局 | 2000 |
| 顧炎武 | 儀禮鄭注句讀 | 臺北：文海出版社 | 1979 |

三、期刊與論文

丁鼎　〈試論《儀禮》的作者與撰作時代〉，《孔子研究》，2002，第六期

丁鼎　〈《儀禮‧喪服》所體現的周代宗法制度〉，《史學集刊》，2002，第四期

于瑞桓　〈乾嘉樸學的緣起及啟蒙意義〉，《齊魯學刊》，2002，第四期

王延齡　〈徽州學者凌廷堪的樸學成就〉，《江淮語論》，1995，第三期

王強　〈孔孟荀三欲說〉，《管子學刊》，1994，第二期

王煥林　〈方位尊卑考辨〉，《青海大學學報》，1994，第六期

王樹民　〈江藩的學術思想及漢學與宋學之爭〉，《河北師範大學學報》，1999，第四期

王俊義　〈清代學術思想史研究的新創獲張壽安及其《以禮代理》評介〉，《中國文化研究》，1999，秋卷

王立軍　〈試論司馬光禮學思想的基本特徵〉，《唐都學刊》，2001，第三期

王記錄　〈錢大昕的學術思想〉，《史學史研究》，1997，第二期

李緻　〈方東樹與十九世紀的漢學批評〉，《華東師範大學學報》，2002，第三期

沙憲如　〈中國古代禮敬儀節辨釋〉，《遼寧師範大學學報》

1997，第六期

尚小明 〈徐乾學幕府研究〉，《史學月刊》，1998，第三期

林存陽 〈顧炎武明道救世的禮學思想〉，《中國社會科學院
研究生院學報》，2000，第一期

高翔 〈論清前期中國社會的近代化趨勢〉，中國社會科
學，2000，第4期

秦國經／高換婷 〈清朝修史與《清史稿》編纂研究〉，《清
史研究》，2002，第四期

秦文 〈淩廷堪歷史學說綜論〉，《貴州師範大學學報》，
2002，第三期

梁世和 〈曾國藩的禮學與黑格爾的精神哲學〉，《河北大學
學報》，2002，第三期

孫成崗 〈論明清徽州的書院〉，《史學集刊》，2001，第二期

常建華 〈明代宗族祠廟祭祖禮制及其演變〉，《南開學
報》，2001，第三期

張晶萍 〈孫星衍學術思想特點述論〉，《湖南師範大學社會
科學學報》，2002，第三期

張晶萍 〈乾嘉學術與漢學觀念〉，《湖南師範大學社會科學
學報》，2001，第四期

陳寶良 〈明末儒家倫理的困境及其新動向〉，《史學月
刊》，2000，第五期

陳戍國 〈從《唐律疏議》看唐禮及相關問題〉，《湖南師範
大學學報》，1999，第二期

陳寒鳴 〈從早期啟蒙到近代啟蒙──清代思想發展的內在理
路〉，《天津大學學報》，1999，第二期

陳萬鼐 〈淩廷堪傳〉，《故宮文獻》，1972，第四卷，第一期

陳萬鼐　〈凌廷堪年譜〉，《中國文化學術集刊》，1973，第
　　　　十二期

陳萬鼐　〈清儒凌廷堪著述考〉上、下，《故宮圖書季刊》，
　　　　1972，第一期與第二期

陸建華　〈荀子禮學之價值論〉，《學術月刊》，2002，第七期

湯華泉　〈徽州人與《四庫全書》〉，《安徽史學》，2001，第
　　　　二期

詹子慶　〈對禮學的歷史考察〉，《東北師大學報》，1996，
　　　　第三期

塗謝權　〈論《四庫全書總目》文學批評的經世價值取向〉，
　　　　《貴州師範大學學報》，2002，第二期

楊雅麗　〈論《禮記》喪祭之禮的人文意蘊〉，《寶雞文理學
　　　　院學報》，2002，第一期

楊丁橋／楊雅麗　〈論《禮記》禮法自然的禮學思想〉，《陝
　　　　西教育學院學報》，2001，第四期

劉建臻　〈清代揚州學派研討會述評〉，《揚州大學人文學院
　　　　學報》，2001，第二期

劉傳琛　〈研究中國封建禮學的碩果評《西漢禮學新論》〉，
　　　　《政治與法律》，999，第一期

嚴柄昊　〈論孔子的仁禮合一說〉，《山東大學學報》，
　　　　2001，第一期

魏永生　〈乾嘉漢學與理學的立異〉，《山東師範大學學報》，
　　　　2002，第三期

魏永生　〈黃式三學術思想評議〉，《東方論壇》，2002，第
　　　　三期

《乾嘉學者「以例釋禮」解經方法比較研究——江永、凌廷堪

與胡培翬為主軸之析論》，程克雅，國立臺灣師範大
學國文研究所， 1998

《五禮名義考辨》，吳安安，國立臺灣師範大學國文研究所碩士
論文， 2000

《禮記》與《墨子》喪葬思想比較研究，吳柄爽，國立臺灣師
範大學國文研究所博士論文， 2002

《姚際恆思想研究》，吳建慶，國立政治大學中文研究所碩士論
文， 2002

附錄：淩廷堪墨蹟[397]

397 淩廷堪墨蹟見於啓功主編，《中國書法大成》（北京：中國書店出版社
1990），頁 155。

國家圖書館出版品預行編目資料

一代禮宗：凌廷堪之禮學研究／商 瑈著. --
初版. -- 臺北市：萬卷樓, 2004[民93]
面； 公分

參考書目：面

ISBN 957－739－473－6(平裝)

1.（清）凌廷堪－學術思想－經學 2.禮(經
書)－研究與考訂
531.88   93002358

一代禮宗
──凌廷堪之禮學研究

著　　　者：商 瑈
發　行　人：楊愛民
出　版　者：萬卷樓圖書股份有限公司
　　　　　　臺北市羅斯福路二段 41 號 6 樓之 3
　　　　　　電話(02)23216565・23952992
　　　　　　傳真(02)23944113
　　　　　　劃撥帳號 15624015
出版登記證：新聞局局版臺業字第 5655 號
網　　　址：http://www.wanjuan.com.tw
E－mail　：wanjuan@tpts5.seed.net.tw
經銷代理：紅螞蟻圖書有限公司
　　　　　　臺北市內湖區舊宗路二段 121 巷 28 號 4F
　　　　　　電話(02)27953656(代表號)　傳真(02)27954100
E－mail　：red0511@ms51.hinet.net
承印廠商：晟齊實業有限公司
定　　　價：200 元
出版日期：2004 年 2 月初版

ISBN 957－739－473－6